入《はい》る四字熟語《よじじゅくご》は、すべてこの本《ほん》にのっているよ！

1
このみや考《かんが》え方《かた》などは人《ひと》によっ

2
やると言《い》ったことはかならず実行《じっこう》すること。

3
ものごとのなりゆきが急《きゅう》に変化《へんか》して、解決《かいけつ》したり、結末《けつまつ》をむかえたりすること。

4
だれからもよく思《おも》われるために、愛想《あいそ》よくする人《ひと》のこと。

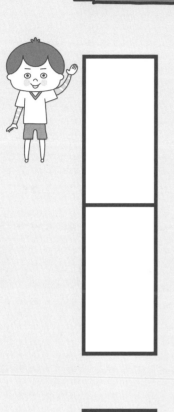

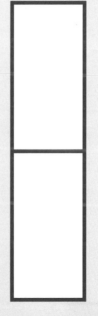

めざせ！ことば名人

四字熟語

使い方90連発！

4

監修 森山卓郎（早稲田大学教授）
まんがイラスト オブチミホ

四《よ》字《じ》熟《じゅく》語《ご》ってどんなもの？

四《よ》字《じ》熟《じゅく》語《ご》とは、文《も》字《じ》どおり、四《よっ》つの漢《かん》字《じ》でつくられた熟《じゅく》語《ご》のことです。

四《よ》字《じ》熟《じゅく》語《ご》のほとんどが、二《に》字《じ》ずつのふたつのことばを結《むす》びつけることでひとつの意《い》味《み》を表《あらわ》します。この組《く》み合《あ》わせの種《しゅ》類《るい》はさまざまで、たとえば、「悪《あく》戦《せん》苦《く》闘《とう》」は、「悪《あく》戦《せん》」と「苦《く》闘《とう》」という似《に》た意《い》味《み》のことばを組《く》み合《あ》わせたもの。「一《いっ》喜《き》一《いち》憂《ゆう》」は、「一《いっ》喜《き》」と「一《いち》憂《ゆう》」という反《はん》対《たい》の意《い》味《み》のことばを組《く》み合《あ》わせたものです。さらには、「意《い》気《き》投《とう》合《ごう》」といった、主《しゅ》語《ご》と述《じゅつ》語《ご》の関《かん》係《けい》（「意《い》気《き》」が「投《とう》合《ごう》＝一《いっ》致《ち》する」）をもつ四《よ》字《じ》熟《じゅく》語《ご》もあります。

また、四《よ》字《じ》熟《じゅく》語《ご》の中《なか》には、昔《むかし》の出《で》来《き》事《ごと》や古《ふる》い書《しょ》物《もつ》に書《か》かれていることが由《ゆ》来《らい》となったもの、すなわち、故《こ》事《じ》成《せい》語《ご》であるものもたくさんあります。「五《ご》里《り》霧《む》中《ちゅう》」や「馬《ば》耳《じ》東《とう》風《ふう》」などがそうです。

難《むずか》しい漢《かん》字《じ》を使《つか》うものもありますが、使《つか》いこなせば会《かい》話《わ》や文《ぶん》章《しょう》がよりすてきなものになりますよ。

70点《てん》…
次《つぎ》はかならず100点《てん》をとるぞ！
ガシッ
うぉ〜っ!!!
数日後《すうじつご》
100点《てん》とったよ！
まさに有言実行《ゆうげんじっこう》だな！すごい！

このふたり、本当《ほんとう》に心《こころ》から愛《あい》し合《あ》っているのね〜
あいしてる…
わたしも…
相思相愛《そうしそうあい》なす
あこがれるわ
何《なん》でくねくねしてるの

国語《こくご》はやったわ!!
算数《さんすう》は…しょぼ〜ん
通知表《つうちひょう》の成績《せいせき》に一喜一憂《いっきいちゆう》しているな

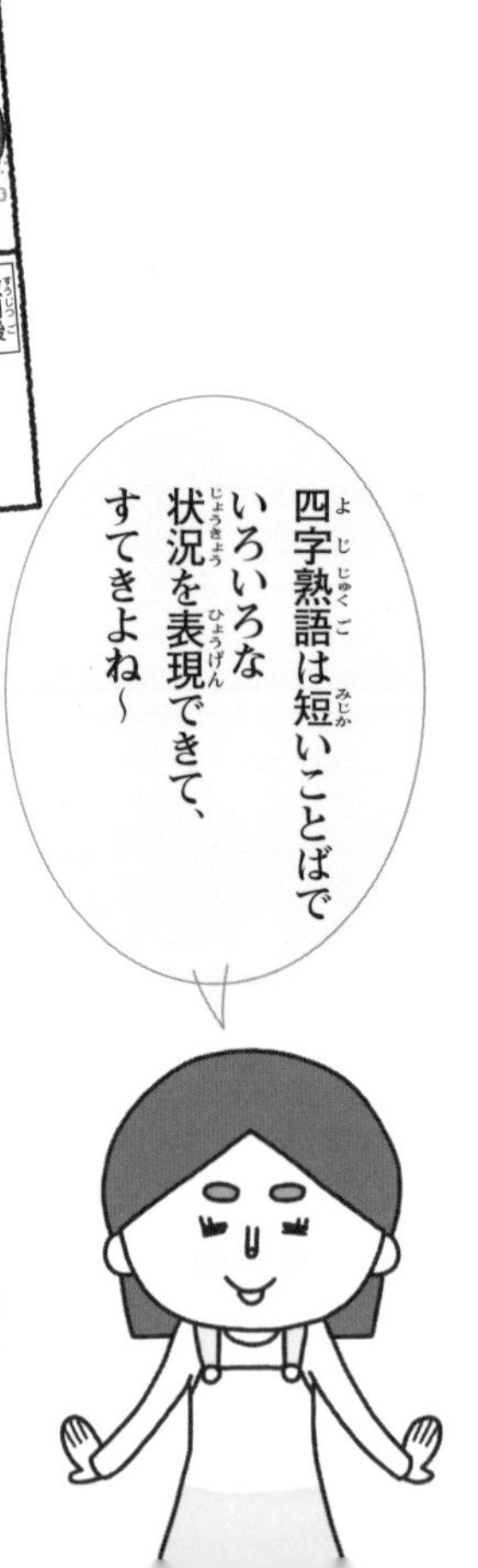
四字熟語《よじじゅくご》は短《みじか》いことばでいろいろな状況《じょうきょう》を表現《ひょうげん》できて、すてきよね〜

この本《ほん》の使《つか》い方《かた》

この本《ほん》では、四字熟語《よじじゅくご》をひとつずつ取《と》り上《あ》げて、意味《いみ》や使《つか》い方《かた》を紹介《しょうかい》しているよ。

どんな気持《きも》ちのとき、どんな場面《ばめん》で使《つか》えることばかがわかるよ。

ことばの使《つか》い方《かた》がまんがでわかるよ。

似《に》た意味《いみ》のことば、反対《はんたい》の意味《いみ》のことば、同《おな》じ字《じ》が出《で》てくることばなどを紹介《しょうかい》しているよ。ことわざや故事成語《こじせいご》、格言《かくげん》などいろいろなことばが出《で》てくるよ。

1　がんばるときの四字熟語
こわがらず前に進もう！
そんなときに言いたい！
正々堂々
使い方まんが 1 強いチームが相手でも…
今日の試合の相手は全国大会優勝のチームだ
強い相手だが正々堂々とたたかおう！
ありがとう！
いさぎよく負けをみとめるよ
おめでとう！
やったー！
負けた
試合終了

下のふたつの慣用句は、どちらも「正々堂々」にふくまれる同じ漢字一文字が入るよ。□に入る漢字は？
えりを□す　おり目□しい
答えは122ページ
13

ことばの意味《いみ》だよ。

ことばを使《つか》った文章《ぶんしょう》の例《れい》だよ。

ことばの由来《ゆらい》や使《つか》い方《かた》の注意点《ちゅういてん》などを解説《かいせつ》しているよ。

ことばを使《つか》える場面《ばめん》を紹介《しょうかい》するコラム。この本《ほん》では、まんがやこのコラムを合《あ》わせて九十《きゅうじゅう》以上《いじょう》の使《つか》い方《かた》の例《れい》を紹介《しょうかい》しているよ。

ことばにまつわるクイズだよ。

「四字熟語《よじじゅくご》カード」を作《つく》ってみよう！

この本《ほん》で知《し》った四字熟語《よじじゅくご》の意味《いみ》や使《つか》い方《かた》をカードにまとめてみよう。カードのひな形《がた》がこの本《ほん》のさいごにあるよ。書《か》き方《かた》は24ページを参考《さんこう》にしよう。

四字熟語《よじじゅくご》

自業自得《じごうじとく》

意味《いみ》

自分《じぶん》が行《おこな》ったことのけっかが、自分《じぶん》にはね返《かえ》ってくること。

使《つか》い方《かた》

弟《おとうと》はお母《かあ》さんにうそをついて、宿題《しゅくだい》をせずに遊《あそ》びに出《で》かけた。帰《かえ》ってきてから、お母《かあ》さんにばれて、おこられてないていたが、自業自得《じごうじとく》だ。

正しい態度で、行いが立派なこと。
全国大会優勝のチームとサッカーの試合をした。強い相手だったが、ぼくたちは正々堂々とたたかった。
12
使い方まんが 2 ちこくした！
ちこくしちゃった！バレないように、うら門から…

ここは正々堂々と正門からとっぱよ！
ビシ!!
ハンナもちこくしたのに…。すごい堂々としている
学校にちこくしてしまった。同じようにちこくした友だちは、正々堂々と正門から入ると言うのでおどろいた。
「正」には正しい、まちがいがないという意味があり、「正々堂々」は、正しい態度、立派な行い、ひきょうなところがないことを表します。
このことばは、中国の『孫子』という古い書物にあった「正正の旗、堂堂の陣」ということばがもとになっています。「正正」は、ぐんたいの旗がきそく正しくならんだようす、「堂堂」は士気の高いぐんたいのことを意味しています。
正の字が出てくることば
公明正大
かたよった考えをもたず、かくし事などもなく、正しくはじることがないこと。
正真正銘
まちがいなく、本物であること。うそいつわりがないこと。
品行方正
行いがきちんとしていて正しいこと。
こんなふうにも使えるね！
【運動会のスローガンに】
どのチームも、ひとりひとりが全力を出しきって、正々堂々とたたかいましょう！

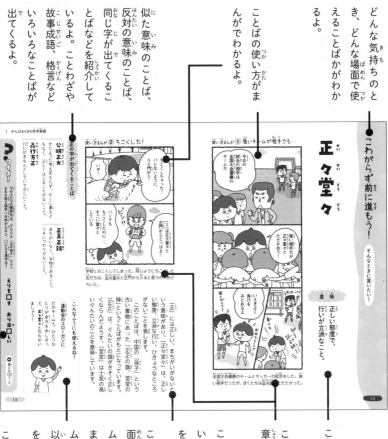

もくじ

1　いくぜ！
がんばるときの四字熟語《よじじゅくご》

2　トホホ……
残念《ざんねん》な四字熟語《よじじゅくご》

3 あの子《こ》と、その子《こ》と 友《とも》だち・家族《かぞく》と使《つか》う四字熟語《よじじゅくご》

4 山《やま》あり谷《たに》あり……

人生《じんせい》いろいろな四字熟語《よじじゅくご》

5 数《すう》字《じ》が入《はい》った四《よ》字《じ》熟《じゅく》語《ご》

一《いち》、十《じゅう》、百《ひゃく》、千《せん》……

この本《ほん》の登場人物《とうじょうじんぶつ》

この本《ほん》の四人《よにん》の登場人物《とうじょうじんぶつ》を紹介《しょうかい》するよ！

レイ

小説《しょうせつ》や映画《えいが》などのエンターテインメントが大《だい》すき。大人《おとな》っぽい発言《はつげん》で、みんなをびっくりさせることも。双子《ふたご》の弟《おとうと》がいる。

ユウキ

明《あか》るく活発《かっぱつ》。おっちょこちょいだけど、素直《すなお》な性格《せいかく》。将《しょう》来《らい》の夢《ゆめ》はサッカー選手《せんしゅ》。姉《あね》がいて、よくつっこまれている。

ハンナ

ひょうひょうとした性格《せいかく》で、まわりの目《め》を気《き》にしない。食《た》べることが大《だい》すきで、とくに中華《ちゅうか》がすき。しゅみはラーメン屋《や》めぐり。

ソウスケ

ひかえめでまじめな努力家《どりょくか》。人見知《ひとみし》りだけど、ユウキとは大《だい》の親友《しんゆう》。ロボットとプログラミングがすき。将来《しょうらい》の夢《ゆめ》はプログラマー。

1 がんばるときの四字熟語

いくぜ!

新《あたら》しいことを始《はじ》めるときや
目標《もくひょう》に立《た》ち向《む》かうとき、
言《い》ってみたくなる
四字熟語《よじじゅくご》があるよ!

あきらめずにがんばろう！

そんなときに言《い》いたい！

悪《あく》戦《せん》苦《く》闘《とう》

意《い》味《み》

困難《こんなん》な中《なか》でたたかうこと。それにうち勝《か》とうと努力《どりょく》すること。

使《つか》い方《かた》まんが 1 ケーキ作《づく》り

友《とも》だちにケーキを作《つく》った。むずかしくて悪戦苦闘《あくせんくとう》したけど、なんとかかんせいした。

使《つか》い方《かた》まんが 2 うでずもう大会《たいかい》

うでずもう大会《たいかい》の相手《あいて》はかなりの強敵《きょうてき》だった。悪戦苦闘《あくせんくとう》のすえ、優勝《ゆうしょう》できた。

もとは、強敵《きょうてき》を相手《あいて》に必死《ひっし》でたたかうという意味《いみ》でしたが、少《すこ》しずつ今《いま》の意味《いみ》で使《つか》われるようになりました。「悪戦《あくせん》」は不利《ふり》な状況《じょうきょう》の中《なか》で強敵《きょうてき》とたたかうということ、「苦闘《くとう》」は苦《くる》しみながらたたかうということです。この強敵《きょうてき》に、自分《じぶん》より強《つよ》い相手《あいて》というだけでなく、困難《こんなん》な状況《じょうきょう》という意味《いみ》も見《み》るようになり、苦《くる》しみながら必死《ひっし》に取《と》り組《く》むようすを表《あらわ》すことばとなったのです。

似《に》た意味《いみ》のことば

四苦八苦《しくはっく》
↓105ページ

苦心惨憺《くしんさんたん》
あることをなしとげるために、あれこれとひじょうに苦労《くろう》すること。

苦《く》の字《じ》が出《で》てくることば

若《わか》いときの苦労《くろう》は買《か》ってでもせよ
若《わか》いときにする苦労《くろう》は、きちょうなけいけんになるので進《すす》んでしたほうがよい。
↓1巻《かん》30ページ

楽《らく》あれば苦《く》あり
楽《たの》しいことがあれば、そのあとに苦《くる》しいことがめぐってくる。またそのぎゃくもある。↓1巻《かん》76ページ

？クイズ！

「悪《あく》」と反対《はんたい》の意味《いみ》の「善《ぜん》」が入《はい》ることわざ。よいと思《おも》ったことはためらわずにやったほうがよいという意味《いみ》だよ。□に入《はい》る漢字《かんじ》は？

善《ぜん》は□げ

答《こた》えは122ページ

そんなときに言《い》いたい！

正《せい》々《せい》堂《どう》々《どう》

意《い》味《み》

正《ただ》しい態度《たいど》で、行《おこな》いが立派《りっぱ》なこと。

使《つか》い方《かた》まんが 1 強《つよ》いチームが相手《あいて》でも…

今日《きょう》の試合《しあい》の相手《あいて》は全国大会優勝《ぜんこくたいかいゆうしょう》のチームだ
強《つよ》い相手《あいて》だが正々堂々《せいせいどうどう》とたたかおう！
やったー！！
負《ま》けた〜
ピ〜
試合終了《しあいしゅうりょう》
いさぎよく負《ま》けをみとめるよ
ありがとう！
おめでとう！

全国大会優勝《ぜんこくたいかいゆうしょう》のチームとサッカーの試合《しあい》をした。強《つよ》い相手《あいて》だったが、ぼくたちは正々堂々《せいせいどうどう》とたたかった。

使《つか》い方《かた》まんが 2 ちこくした！

学校《がっこう》にちこくしてしまった。同《おな》じようにちこくした友《とも》だちは、正々堂々《せいせいどうどう》と正門《せいもん》から入《はい》ると言《い》うのでおどろいた。

「正《せい》」には正《ただ》しい、まちがいがないという意味《いみ》があり、「正々堂々《せいせいどうどう》」は、正《ただ》しい態度《たいど》、立派《りっぱ》な行《おこな》い、ひきょうなところがないことを表《あらわ》します。

このことばは、中国《ちゅうごく》の『孫《そん》子《し》』という古《ふる》い書物《しょもつ》にあった「正正《せいせい》の旗《はた》、堂堂《どうどう》の陣《じん》」ということばがもとになっています。「正正《せいせい》」は、ぐんたいの旗《はた》がきそく正《ただ》しくならんだようす、「堂堂《どうどう》」は士気《しき》の高《たか》いぐんたいのことを意味《いみ》しています。

正の字《じ》が出《で》てくることば

公《こう》明《めい》正《せい》大《だい》

かたよった考《かんが》えをもたず、かくし事《ごと》などもなく、正《ただ》しくはじることがないこと。

正《しょう》真《しん》正《しょう》銘《めい》

まちがいなく、本物《ほんもの》であること。うそいつわりがないこと。

品《ひん》行《こう》方《ほう》正《せい》

行《おこな》いがきちんとしていて正《ただ》しいこと。

こんなふうにも使《つか》えるね！

【運動会《うんどうかい》のスローガンに】

どのチームも、ひとりひとりが全力《ぜんりょく》を出《だ》しきって、**正々堂々《せいせいどうどう》**とたたかいましょう！

？クイズ！

下《した》のふたつの慣用句《かんようく》は、どちらも「正々堂々《せいせいどうどう》」にふくまれる同《おな》じ漢字《かんじ》一文字《ひともじ》が入《はい》るよ。□に入《はい》る漢字《かんじ》は？

えりを□す

おり目《め》□しい

答《こた》えは122ページ

そんなときに言《い》いたい!

大《だい》胆《たん》不《ふ》敵《てき》

使《つか》い方《かた》まんが 1 こわいもの知《し》らずなレイ

あ! やばい! ボールが…。きょうぼうな犬《いぬ》がいる家《いえ》だ!
わたしにまかせて!
なんてこわいもの知《し》らずなんだ!
サッ
はい、あーん
お手《て》!
大胆不敵《だいたんふてき》な行動《こうどう》…。さすがです

きょうぼうな犬《いぬ》がいる家《いえ》に、ボールをけってしまった。そこに友《とも》だちがあらわれ、犬《いぬ》を手《て》なずけた。かのじょの大胆不敵《だいたんふてき》な行動《こうどう》にはおどろくばかりだ。

意《い》味《み》

度《ど》胸《きょう》があって、何《なに》もおそれないようす。

使《つか》い方《かた》まんが 2 授業中《じゅぎょうちゅう》なのに！

目《め》の前《まえ》でいびきをかいて寝《ね》るなんて…
なんて大胆不敵《だいたんふてき》なんだ！
クスクス

授業中《じゅぎょうちゅう》に、先生《せんせい》の目《め》の前《まえ》でいびきをかいて寝《ね》る友《とも》だちがいた。「なんて大胆不敵《だいたんふてき》なんだ！」と先生《せんせい》はあきれて言《い》った。

「大胆《だいたん》」とは度胸《どきょう》があり、おそれず行動《こうどう》することをいいます。また、「不敵《ふてき》」は敵《てき》を敵《てき》とも思《おも》わない、おそれ知《し》らずという意味《いみ》があります。大胆不敵《だいたんふてき》は、似《に》たことばをふたつならべて意味《いみ》を強《つよ》めているのです。

度胸《どきょう》のある言動《げんどう》をたたえることばでもありますが、たいへんなことをしているのに、それに気《き》づかず平気《へいき》な顔《かお》をしている人《ひと》に、あきれて言《い》うこともあります。

似《に》た意味《いみ》のことば

肝《きも》が太《ふと》い

勇気《ゆうき》があって、何《なに》ごとにもおどろいたり、動《どう》じたりしないこと。

はらがすわる

どんなことが起《お》きても動《どう》じないようす。

反対《はんたい》の意味《いみ》のことば

小心翼々《しょうしんよくよく》

気《き》が小《ちい》さく、びくびくしているようす。

戦々恐々《せんせんきょうきょう》

おそろしさでびくびくしているようす。おそれて遠慮《えんりょ》するようす。

大胆《だいたん》の「胆《たん》」は内臓《ないぞう》のことだけど、気力《きりょく》や精神《せいしん》も表《あらわ》すのよ

クイズ！

体《からだ》の一部《いちぶ》が入《はい》った四字熟語《よじじゅくご》「一《いち》□瞭然《りょうぜん》」。□に入《はい》るのは体《からだ》のどこ？

A《エイ》 目

B《ビー》 耳

C《シー》 鼻

答《こた》えは122ページ

なりふりかまわずつき進《すす》む！

そんなときに言《い》いたい！

猪《ちょ》突《とつ》猛《もう》進《しん》

使《つか》い方《かた》まんが　遠《えん》足《そく》中《ちゅう》だよ～

サイン会
キャ～
キャ～
遠足中《えんそくちゅう》よ！もどりなさーい
アイドルのことになると、猪突猛進《ちょとつもうしん》なんだから…

友《とも》だちは遠足《えんそく》の途中《とちゅう》にもかかわらず、アイドルのサイン会場《かいじょう》を見《み》つけて走《はし》っていった。どんなときも猪突猛進《ちょとつもうしん》するタイプだ。

意味《いみ》

あと先《さき》考《かんが》えず、ひとつの目的《もくてき》に向《む》かってまっしぐらに、もうれつないきおいで進《すす》むこと。

いのしし（「猪《ちょ》」はいのししを意味《いみ》する漢字《かんじ》）が相手《あいて》に向《む》かって突進《とっしん》するさまにたとえて、ひとつのことに向《む》かって、まわりの状況《じょうきょう》や他《ほか》の人《ひと》のことを考《かんが》えずに突《つ》き進《すす》むことを表《あらわ》したことばです。目標《もくひょう》に向《む》かってまっすぐなのはよいことですが、ときにはまわりを見《み》わたすこともひつようです。

似《に》た意味《いみ》のことば

向《む》こう見《み》ず

あと先《さき》を考《かんが》えずに、無茶《むちゃ》な行動《こうどう》をすること。

不言実行《ふげんじっこう》

使《つか》い方《かた》まんが　コンテスト優勝《ゆうしょう》！

ロボットコンテスト
優勝《ゆうしょう》したソウスケさん、今《いま》のお気持《きも》ちは？
不言実行《ふげんじっこう》をモットーに、もくもくとじゅんびしてきたので、とてもうれしいです
ソウスケ、かっこいい！

ロボットコンテストに優勝《ゆうしょう》した。不言実行《ふげんじっこう》を座右《ざゆう》のめいにしてじゅんびしてきたので、けっかが出《で》てうれしい。

意味《いみ》

あれこれ言《い》わず、だまってするべきことをすること。

ねらいや目標《もくひょう》、不平《ふへい》やふまんをいちいち口《くち》にせず、だまってやるべきことをひたすらやることを表《あらわ》すことばです。目立《めだ》たなかったり、人《ひと》にほめられなかったりしても、きちんと行動《こうどう》するということでもあります。よい行《おこな》いに対《たい》していうもので、悪《わる》い行《おこな》いに対《たい》しては使《つか》いません。

反対《はんたい》の意味《いみ》のことば

有言実行《ゆうげんじっこう》

→19ページ

他《ほか》は目《め》に入《はい》らない

そんなときに言《い》いたい！

無《む》我《が》夢《む》中《ちゅう》

使《つか》い方《かた》まんが　電《でん》車《しゃ》が来《き》たのに…

○○駅《えき》
発車《はっしゃ》しま〜す
プシュー
え!?　まさか
そんな展開《てんかい》!?
はっ！
あらやだ！
無我夢中《むがむちゅう》で本《ほん》を
読《よ》んでいたら
電車《でんしゃ》に乗《の》り
そこね
ちゃった

駅《えき》のホームで無《む》我《が》夢《む》中《ちゅう》で読《どく》書《しょ》をしていたら、電《でん》車《しゃ》が来《き》たことに気《き》づかず、乗《の》りそこねてしまった。

意《い》味《み》

あることに心《こころ》をうばわれ、われをわすれてしまうこと。

「無《む》我《が》」は、われをわすれることを意《い》味《み》します。あることに熱《ねっ》中《ちゅう》して、そのこと以《い》外《がい》は目《め》に入《はい》らなくなったり、時《じ》間《かん》をわすれて没《ぼっ》頭《とう》してしまったりすることをいいます。

似《に》た意《い》味《み》のことば

一《いっ》心《しん》不《ふ》乱《らん》
ひとつのことに集《しゅう》中《ちゅう》して、他《ほか》に心《こころ》をうばわれないこと。

熱《ねつ》をあげる
とりこになって夢《む》中《ちゅう》になる。

うつつをぬかす
あることに熱《ねっ》中《ちゅう》すること。気《き》をとられること。

有言実行《ゆうげんじっこう》

使《つか》い方《かた》まんが　100点《てん》をとりたい！

テストで70点《てん》だった友《とも》だちが、「次《つぎ》はかならず100点《てん》をとるぞ！」と言《い》った。数日後《すうじつご》、本当《ほんとう》に100点《てん》をとり、有言実行《ゆうげんじっこう》してかっこいいと思《おも》った。

意《い》味《み》

やると言《い》ったことはかならず実行《じっこう》すること。

いちいち口《くち》にせずだまって実行《じっこう》するという、「不言実行《ふげんじっこう》」（↓17ページ）ということばがありますが、その反対《はんたい》の意味《いみ》のことばとしてうまれたことばです。「有言実行《ゆうげんじっこう》」は、自分《じぶん》で言《い》って、その通《とお》りにやりとげることを表《あらわ》します。また、人《ひと》に言《い》いふらしてから何《なに》かを行《おこな》う場合《ばあい》にも使《つか》います。

反対《はんたい》の意味《いみ》のことば

不言実行《ふげんじっこう》
↓17ページ

十分《じゅうぶん》にととのった！

そんなときに言《い》いたい！

用《よう》意《い》周《しゅう》到《とう》

意《い》味《み》

じゅんびをしっかりして、手《て》ぬかりがないこと。

使《つか》い方《かた》まんが 1 楽《たの》しいキャンプ

キャンプに出発《しゅっぱつ》〜♪
数時間後《すうじかんご》
とつぜん大雨《おおあめ》が！せっかくのキャンプなのに〜
サイアクだよ〜
雨《あめ》でも楽《たの》しめるように、トランプを持《も》って来《き》たわよ
さすがお母《かあ》さん！用意周到《よういしゅうとう》ね

キャンプ当日《とうじつ》、雨《あめ》がふった。お母《かあ》さんは雨《あめ》でも楽《たの》しめるようにと、トランプを持《も》ってきていた。お母《かあ》さんは用意周到《よういしゅうとう》だ。

使《つか》い方《かた》まんが 2 日焼《ひや》けはいや！

ゴミ拾《ひろ》い
ボランティアの日《ひ》
ぜったいに日焼《ひや》けしたくないの！
ゴミ
すごい！用意周到《よういしゅうとう》だ！
やりすぎじゃない？

ゴミ拾《ひろ》いボランティアの日《ひ》、友《とも》だちは「日焼《ひや》けをしたくない」と日《ひ》がさをさし、ぼうしをかぶり、長《なが》そでを着《き》ていた。用意周到《よういしゅうとう》でおどろいた。

「周到《しゅうとう》」には、すみずみまで行《い》きとどいて、手《て》ぬかりがないという意味《いみ》があります。つまり、行動《こうどう》にうつす前《まえ》にこまかいことまで気《き》をくばり、じゅんびをしたり計画《けいかく》を立《た》てたりして、手《て》ぬかりなく用《よう》意《い》ができているようすを表《あらわ》すことばです。また、地震《じしん》や火事《かじ》、病気《びょうき》などの予測《よそく》できない事態《じたい》にそなえるという意味《いみ》もふくまれます。「周到《しゅうとう》」を「周倒《しゅうとう》」と書《か》きまちがえないように気《き》をつけましょう。

似《に》た意味《いみ》のことば

転《ころ》ばぬ先《さき》のつえ

しっぱいにそなえて、あらかじめ手《て》を打《う》っておくこと。

↓1巻《かん》20ページ

そなえあればうれいなし

ふだんから十分《じゅうぶん》なじゅんびをしていれば、いざというときに心《しん》配《ぱい》がいらない。↓2巻《かん》24ページ

よいうちから養生《ようじょう》

何《なに》ごとも日《ひ》ごろから用心《ようじん》することが大切《たいせつ》だということ。健康《けんこう》なうちから体《からだ》をいたわることが一番《いちばん》の健康法《けんこうほう》であることから。

反対《はんたい》の意味《いみ》のことば

出《で》たとこ勝負《しょうぶ》

計画《けいかく》やじゅんびをしないで、その場《ば》のなりゆきで行動《こうどう》すること。

？クイズ！

反対《はんたい》の意味《いみ》のことばで、じゅんびや練習《れんしゅう》などをせず、いきなり本番《ほんばん》にいどむという意味《いみ》だよ。□に入《はい》ることばは？

□□□□本番《ほんばん》（ひらがなで）

答《こた》えは122ページ

その場《ば》に合《あ》わせてうまくやる！

そんなときに言《い》いたい！

臨《りん》機《き》応《おう》変《へん》

意《い》味《み》

その場《ば》のようすに合《あ》わせて行動《こうどう》をかえること。決《き》まった形《かたち》にとらわれないこと。

使《つか》い方《かた》まんが 1 たまご料理《りょうり》

おいしいプリンを作《つく》るわ！
たまごにさとうを…
サッ
サラ
あっ！まちがえて塩《しお》を入《い》れちゃった！
しお
いいや！たまごやきにしちゃおう♪
臨《りん》機《き》応《おう》変《へん》においしいものを作《つく》るわ

プリンを作《つく》ろうとしたら、さとうと塩《しお》をまちがえて入《い》れてしまった。そこで、臨機応変《りんきおうへん》にたまごやきを作《つく》ることにした。

使《つか》い方《かた》まんが 2 むちゃな注文《ちゅうもん》

今日《きょう》は助《すけ》っ人《と》よろしく！
うん！自信《じしん》ないけど…
右《みぎ》からのボールは中央《ちゅうおう》へ。左《ひだり》からのボールは右《みぎ》へ
あとは臨機応変《りんきおうへん》によろしく！
むちゃだ〜

友《とも》だちにサッカーの助《すけ》っ人《と》を頼《たの》まれた。ボールが近《ちか》くにきたら、臨機応変《りんきおうへん》に動《うご》いてほしいと言《い》われたが、サッカーに自信《じしん》のないぼくにはむちゃな話《はなし》だ。

日々《ひび》の生活《せいかつ》の中《なか》では、予定通《よていどお》りにいかなくなることはだれにでもありますよね。「臨機応変《りんきおうへん》」には、そんな場面《ばめん》に直《ちょく》面《めん》したとき、その場《ば》の状況《じょうきょう》に合《あ》わせて、行動《こうどう》をかえるという意味《いみ》があります。もとの計画《けいかく》にこだわらずに、考《かんが》えをかえてその場《ば》にふさわしい方法《ほうほう》や手段《しゅだん》を取《と》れるということですね。中国《ちゅうごく》の古《ふる》い書物《しょもつ》にあった「機《き》に臨《のぞ》みて変《へん》に応《おう》ず」ということばに由来《ゆらい》します。

似《に》た意味《いみ》のことば

機転《きてん》がきく
その場《ば》に応《おう》じてすばやく、もっともふさわしい行動《こうどう》がとれること。

融通無碍《ゆうずうむげ》
行動《こうどう》や考《かんが》えが何《なに》ごとにもとらわれず、自由《じゆう》であること。

反対《はんたい》の意味《いみ》のことば

四角四面《しかくしめん》
考《かんが》え方《かた》や態度《たいど》などがまじめすぎて、かた苦《くる》しいようす。

機《き》の字《じ》が出《で》てくることば

危機一髪《ききいっぱつ》
→102ページ

心機一転《しんきいってん》
→108ページ

クイズ！

反対《はんたい》の意味《いみ》の四字熟語《よじじゅくご》「□□定規《じょうぎ》」。融通《ゆうずう》がきかず、頭《あたま》がかたいという意味《いみ》だよ。□に入《はい》るのはどちら？

A《エイ》 杓子《しゃくし》

B《ビー》 直線《ちょくせん》

答《こた》えは122ページ

四字熟語《よじじゅくご》カードを作《つく》ろう

気《き》に入《い》った四字熟語《よじじゅくご》、使《つか》いたい四字熟語《よじじゅくご》を選《えら》んでカードにしてみましょう。

作《つく》り方《かた》

1 すきな四字熟語《よじじゅくご》を選《えら》ぼう

この本《ほん》を読《よ》んで、気《き》に入《い》った四字熟語《よじじゅくご》を書《か》きとめておくといいでしょう。

2 意味《いみ》を調《しら》べよう

この本《ほん》や国語辞典《こくごじてん》などで、四字熟語《よじじゅくご》の正《ただ》しい意味《いみ》をかくにんします。

3 使《つか》い方《かた》を考《かんが》えよう

この本《ほん》のまんがなどを参考《さんこう》にして、どんな場面《ばめん》で使《つか》われるかを考《かんが》えましょう。

4 カードにまとめよう

左《ひだり》ページのようにカードに書《か》きこみます。カードのひな形《がた》はこの本《ほん》の最後《さいご》にあります。

タブレットやパソコンでも作《つく》れるよ

このQR《キューアール》コードから、カードのPDF《ピーディーエフ》（B《ビー》5サイズ）がダウンロードできるよ。タブレットやパソコンでまとめてもいいね。

カードを作《つく》ったら

みんなで発表《はっぴょう》しよう

作《つく》ったカードを順番《じゅんばん》に読《よ》み上《あ》げましょう。みんなはどんな四字熟語《よじじゅくご》を選《えら》んだでしょう？　みんなの作《つく》った使《つか》い方《かた》もよく聞《き》きましょう。

かるたにしてみよう

カードのうらに四字熟語《よじじゅくご》の一文字目《いちもじめ》と絵《え》をかいて、取《と》りふだにします。読《よ》み手《て》が四字熟語《よじじゅくご》を読《よ》み上《あ》げて、合《あ》うふだを取《と》ります。ふだを取《と》った人《ひと》は、表《おもて》の意味《いみ》を読《よ》み上《あ》げます。ルールはみんなで考《かんが》えてもいいですね。

カードを集《あつ》めて本《ほん》にしよう

みんなのカードをまとめて「四字熟語《よじじゅくご》ブック」を作《つく》ってみましょう。1巻《かん》118ページに作《つく》り方《かた》がのっています。

友《とも》だちの発表《はっぴょう》を聞《き》いたら、似《に》た意味《いみ》の四字熟語《よじじゅくご》や、反対《はんたい》の意味《いみ》の四字熟語《よじじゅくご》が見《み》つかるかも！

カードの書《か》き方《かた》の例《れい》

【使《つか》い方《かた》を入《い》れたカード】

四字熟語《よじじゅくご》

自《じ》業《ごう》自《じ》得《とく》

意味《いみ》

自分《じぶん》が行《おこな》ったことのけっかが、自分《じぶん》にはね返《かえ》ってくること。

使《つか》い方《かた》

弟《おとうと》はお母《かあ》さんにうそをついて、宿題《しゅくだい》をせずに遊《あそ》びに出《で》かけた。帰《かえ》ってきてから、お母《かあ》さんにばれて、おこられてないていたが、自業自得《じごうじとく》だ。

使《つか》い方《かた》のほかに、感想《かんそう》や似《に》た意味《いみ》のことばを入《い》れてもいいね

【絵《え》と感想《かんそう》を入《い》れたカード】

四字熟語《よじじゅくご》

百《ひゃっ》発《ぱつ》百《ひゃく》中《ちゅう》

意味《いみ》

①玉《たま》や矢《や》が全《すべ》て当《あ》たること。
②予想《よそう》が全《すべ》て当《あ》たること。

感想《かんそう》

スポーツや勉強《べんきょう》など、結果《けっか》に自信《じしん》があるいろいろな場《ば》面《めん》で使《つか》えることばだと思《おも》った。

感想《かんそう》のほかに由来《ゆらい》を書《か》いてもいいね

【まんがと使《つか》い方《かた》を入《い》れたカード】

四字熟語《よじじゅくご》

優《ゆう》柔《じゅう》不《ふ》断《だん》

意味《いみ》

ぐずぐずして、ものごとを決《き》められないこと。

使《つか》い方《かた》

ぼくは優柔不断《ゆうじゅうふだん》なので、毎朝《まいあさ》、学校《がっこう》に着《き》ていく服《ふく》になやんでしまう。

この本《ほん》のように、四字熟語《よじじゅくご》の使《つか》い方《かた》をまんがにしてみよう！

かってに！ 四字熟語《よじじゅくご》ランキング

ユウキとレイが、かってに四字熟語《よじじゅくご》をランキング！ さっそくけっかを見《み》てみよう。

スポーツが大《だい》すきなユウキが選《えら》んだ

目標《もくひょう》にしたい 四字熟語《よじじゅくご》ベスト3

1 百発百中《ひゃっぱつひゃくちゅう》 111ページ

サッカーの試合中《しあいちゅう》に毎回《まいかい》ゴールを決《き》めるのはむずかしい。でもたくさん練習《れんしゅう》して、百発百中《ひゃっぱつひゃくちゅう》でゴールを決《き》められるようにがんばるぞ〜！

2 正々堂々《せいせいどうどう》 12ページ

3 一生懸命《いっしょうけんめい》 94ページ

恋愛小説《れんあいしょうせつ》が大《だい》すきなレイが選《えら》んだ

いつか言《い》われたい 四字熟語《よじじゅくご》ベスト3

1 相思相愛《そうしそうあい》 56ページ

主人公《しゅじんこう》が大《だい》すきな人《ひと》とむすばれるお話《はなし》ってドキドキしちゃう！ わたしもいつか、すてきな人《ひと》と出会《であ》って、相思相愛《そうしそうあい》って言《い》われたい♡

2 唯一無二《ゆいいつむに》 114ページ

3 一期一会《いちごいちえ》 90ページ

2 残《ざん》念《ねん》な四《よ》字《じ》熟《じゅく》語《ご》

トホホ……

ちょっとかっこ悪《わる》かったり、
たしなめたくなったりする
ようすを表《あらわ》すいろいろな
四《よ》字《じ》熟《じゅく》語《ご》をしょうかいするよ。

わたしってすごい！

そんなときに言《い》いたい！

自《じ》画《が》自《じ》賛《さん》

意《い》味《み》

自分《じぶん》の行動《こうどう》や作品《さくひん》を自《みずか》らほめること。

使《つか》い方《かた》まんが 1 名作《めいさく》ができた！？

友《とも》だちがはじめて書《か》いた小説《しょうせつ》を読《よ》むことになった。名作《めいさく》ができたと自画自賛《じがじさん》していた。

使《つか》い方《かた》まんが 2 最高《さいこう》のラーメン

自画自賛《じがじさん》って言《い》われちゃうけど…最高《さいこう》のラーメンができたわ！
食《た》べ歩《ある》きのせいかだな

自画自賛《じがじさん》だけど、今日《きょう》は最高《さいこう》においしいラーメンを作《つく》ることができた。

自分《じぶん》のしたことや自分《じぶん》自身《じしん》を、自分《じぶん》でほめるという意味《いみ》で使《つか》います。

「自画《じが》」は自分《じぶん》で描《か》いた画《え》（絵）のこと。「自賛《じさん》」には自分《じぶん》をほめたたえるという意味《いみ》があります。「賛《さん》」とは絵《え》や書道《しょどう》を引《ひ》き立《た》てるためにわきに書《か》く文章《ぶんしょう》や詩《し》のこと。ふつうは作者《さくしゃ》以外《いがい》の人《ひと》が書《か》きます。自分《じぶん》の絵《え》に自分《じぶん》で賛《さん》を書《か》くということから、「自画自賛《じがじさん》」ということばができました。

たんに「自賛《じさん》」と言《い》ったり、「自画賛《じがさん》」と言《い》ったりすることもあります。「自我《じが》自賛《じさん》」と書《か》かないように注意《ちゅうい》しましょう。

自分《じぶん》で自分《じぶん》をほめるのは悪《わる》いことではないですが、おおげさに言《い》いすぎている人《ひと》がいたら、「自画自賛《じがじさん》しすぎだよ」と、声《こえ》をかけてもいいですね。

似《に》た意味《いみ》のことば

一分自慢《いちぶじまん》
自分《じぶん》ひとりで自慢《じまん》すること。ひとり自慢《じまん》。

手前味噌《てまえみそ》
自分《じぶん》で自分《じぶん》をほめること。自慢《じまん》すること。

てんぐになる
いい気《き》になってうぬぼれること。自慢《じまん》すること。

？クイズ！

自《じ》の字《じ》が入《はい》った四字熟語《よじじゅくご》。思《おも》う通《とお》りにものごとをするようすをいうよ。□に入《はい》る漢字《かんじ》は？

自《じ》由《ゆう》□在《ざい》

答《こた》えは122ページ

自分《じぶん》のせいでしょ！

そんなときに言《い》いたい！

自《じ》業《ごう》自《じ》得《とく》

意《い》味《み》

自分《じぶん》が行《おこな》ったことのけっかが、自分《じぶん》にはね返《かえ》ってくること。

使《つか》い方《かた》まんが 1 ごみのポイすて

道《みち》にごみをすてている男《おとこ》の人《ひと》がいた。そのごみが当《あ》たっておこった犬《いぬ》が、その人《ひと》にかみついていた。男《おとこ》の人《ひと》はこまっていたが、自業自得《じごうじとく》だ。

使《つか》い方《かた》まんが ２ 食《た》べすぎ注意《ちゅうい》！

あ！ 休《やす》みの人《ひと》の分《ぶん》のプリン、全部《ぜんぶ》ハンナが食《た》べてる！
!!
へへ～ん
早《はや》い者勝《ものが》ちだよー
放課後《ほうかご》
おなかいたい…
あんなに食《た》べるから。自業自得《じごうじとく》だよ

給食《きゅうしょく》で残《のこ》ったプリンをひとりで全部《ぜんぶ》食《た》べたら、放課《ほうか》後《ご》おなかがいたくなってしまった。友《とも》だちに「自業《じごう》自得《じとく》だよ」と言《い》われた。

「業《ごう》」とは、行《おこな》いやふるまいのこと。自《じ》分《ぶん》がしたことは、けっか的《てき》に自分《じぶん》に返《かえ》ってくる、ということを表《あらわ》していることばです。もともとは、よい行《おこな》いにも悪《わる》い行《おこな》いにも使《つか》いましたが、今《いま》では、とくに悪《わる》い行《おこな》いに対《たい》して使《つか》われます。

何《なに》か悪《わる》いことをしたら、自分《じぶん》に悪《わる》いことが起《お》こったとしても、仕方《しかた》がないということですね。日《ひ》ごろの行《おこな》いをふり返《かえ》るときに思《おも》い出《だ》したい四字熟語《よじじゅくご》です。

似《に》た意味《いみ》のことば

因果応報《いんがおうほう》
よい行《おこな》いをすればよいことがあり、悪《わる》い行《おこな》いをすれば悪《わる》いことがあること。

自縄自縛《じじょうじばく》
自分《じぶん》の言動《げんどう》によって自分自身《じぶんじしん》が動《うご》けなくなり、苦《くる》しむこと。

身《み》から出《で》たさび
自分《じぶん》がしたあやまちのせいで、自分《じぶん》にわざわいが起《お》こり、苦《くる》しむこと。

「じぎょうじとく」と読《よ》みまちがえないように気《き》をつけよう

？クイズ！

自の字《じ》が入《はい》った四字熟語《よじじゅくご》。生活《せいかつ》にひつようなものを全《すべ》て自《じ》分《ぶん》で生産《せいさん》してまかなう、という意味《いみ》だよ。□に入《はい》る漢字《かんじ》は？

自給自《じきゅうじ》□

答《こた》えは122ページ

何《なに》を言《い》っても意味《いみ》がない！

そんなときに言《い》いたい！

馬《ば》耳《じ》東《とう》風《ふう》

意《い》味《み》

人《ひと》の意見《いけん》や注意《ちゅうい》などを気《き》にせず、聞《き》き流《なが》すこと。

使《つか》い方《かた》まんが 1 都合《つごう》のいい耳《みみ》

自分《じぶん》にとって都合《つごう》の悪《わる》いことを聞《き》き流《なが》していたら、お父《とう》さんに「馬耳東風《ばじとうふう》だな」と言《い》われた。

使《つか》い方《かた》まんが 2 大《だい》すきな小説《しょうせつ》

いつまで読《よ》んでるのー？
そろそろ帰《かえ》ろうよ
恋愛小説《れんあいしょうせつ》を
読《よ》み始《はじ》めたら、
何《なに》を言《い》っても
馬耳東風《ばじとうふう》だよ

友《とも》だちが大《だい》すきな恋愛小説《れんあいしょうせつ》を読《よ》んでいる。「帰《かえ》ろうよ」と言《い》っても返事《へんじ》が返《かえ》ってこない。何《なに》を言《い》っても馬耳東風《ばじとうふう》だ。

「東風《とうふう》」は春風《はるかぜ》のこと。馬《うま》は耳《みみ》に春風《はるかぜ》が当《あ》たっても何《なに》も感《かん》じないということから、何《なに》を言《い》われても気《き》にとめないという意味《いみ》で使《つか》われるようになりました。

このことばは、李白《りはく》という中国《ちゅうごく》の有名《ゆうめい》な詩人《しじん》が書《か》いたとされる詩《し》に由来《ゆらい》するといわれています。「世人《せじん》これ（詩《し》）を聞《き》きてみな頭《こうべ》をふる、東風《とうふう》の馬耳《ばじ》を射《い》るがごときあり（世《よ》の人《ひと》たちは詩《し》を聞《き》いても頭《あたま》をふって聞《き》いてくれない。まるで春風《はるかぜ》が馬《うま》の耳《みみ》にふくようなものだ）」というもの。立派《りっぱ》な詩《し》を作《つく》っても、だれも聞《き》いてくれないことをなげいた詩《し》です。

人《ひと》の話《はなし》や意見《いけん》、注意《ちゅうい》などを聞《き》かない人《ひと》に、あきれて使《つか》うことばです。日本《にほん》の「馬《うま》の耳《みみ》に念仏《ねんぶつ》」ということわざのもとになったことばとされています。

馬の字《じ》が出《で》てくることば

塞翁《さいおう》が馬《うま》

人生《じんせい》の幸《しあわ》せや不幸《ふしあわ》せは予測《よそく》することができない。→2巻《かん》108ページ

馬《うま》の耳《みみ》に念仏《ねんぶつ》

馬《うま》にありがたい教《おし》えを聞《き》かせても、そのありがたみはわからない。意《い》見《けん》や忠告《ちゅうこく》をしても意味《いみ》がないこと。

竹馬《ちくば》の友《とも》

竹馬《たけうま》に乗《の》っていっしょに遊《あそ》んだ、おさないころからの友《とも》だち。おさななじみ。

？クイズ！

馬《うま》が出《で》てくる慣用句《かんようく》。とくべつに相性《あいしょう》がいいことや、よく気《き》が合《あ》うことをいうよ。□に入《はい》る漢字《かんじ》は？

馬《うま》が□う

答《こた》えは122ページ

八《はっ》方《ぽう》美《び》人《じん》

意《い》味《み》

だれからもよく思《おも》われるために、愛想《あいそ》よくする人《ひと》のこと。

使《つか》い方《かた》まんが 1 ドラマの主《しゅ》人《じん》公《こう》

ドラマの主人公《しゅじんこう》はだれに「すき」と言《い》われても、全《ぜん》員《いん》にいい顔《かお》をして受《う》け入《い》れている。八方美人《はっぽうびじん》な男《おとこ》でゆるせない。

使《つか》い方《かた》まんが 2 塩《しお》ラーメン

ラーメンはやっぱり塩《しお》だよね！
わかる！さっぱりしておいしいよね
塩《しお》ラーメンってあんまりすきじゃないな
わかる！さっぱりしすぎって感《かん》じ！
八方美人《はっぽうびじん》になってしまったけど
本当《ほんとう》は塩《しお》ラーメンが大《だい》すき…
しお

友《とも》だちに塩《しお》ラーメンはあまりすきではないと言《い》われてうなずいてしまった。少《すこ》し八方美人《はっぽうびじん》だったかも。わたしは、本当《ほんとう》は塩《しお》ラーメンが大《だい》すきだ。

「八方《はっぽう》」は八《やっ》つの方角《ほうがく》、すなわち、あらゆる方向《ほうこう》ということ。「どこから見《み》ても美《うつく》しい人《ひと》」という意味《いみ》が転《てん》じて、だれにでも愛想《あいそ》よくふるまう人《ひと》を表《あらわ》すことばになりました。

「美人《びじん》」とついているので、一見《いっけん》ほめことばのようですが、よく見《み》られようとみんなにいい顔《かお》をする人《ひと》、調子《ちょうし》がいい人《ひと》に対《たい》して、皮肉《ひにく》をこめて使《つか》われることが多《おお》いことばです。使《つか》い方《かた》には気《き》をつけましょう。

八の字《じ》が出《で》てくることば

四苦八苦《しくはっく》
→105ページ

七転八倒《しちてんばっとう》
→106ページ

七転《ななころ》び八起《やお》き
何度《なんど》しっぱいしてもくじけず、立《た》ち上《あ》がってがんばろうとすること。うきしずみがはげしいこと。→1巻《かん》24ページ

男女《だんじょ》どちらにも使《つか》うよ

？クイズ！

似《に》た意味《いみ》のことばで、世間《せけん》を上手《じょうず》にわたり、うまく切《き》りぬけていく人《ひと》のことをいうよ。□に入《はい》ることばは？

□□□□上手《じょうず》（ひらがなで）

答《こた》えは122ページ

あなたの意見《いけん》は？

そんなときに言《い》いたい！

付和雷同《ふわらいどう》

意味《いみ》

自分《じぶん》の考《かんが》えがなく、すぐ人《ひと》の意見《いけん》に合《あ》わせること。

使《つか》い方《かた》まんが 1 山《やま》、海《うみ》どっち？

キャンプの行《い》き先《さき》を決《き》めるとき、山派《やまは》にも海派《うみは》にも賛成《さんせい》していたら、おこられた。友《とも》だちに「付和雷同《ふわらいどう》ばかりしているからだよ」とたしなめられた。

使《つか》い方《かた》まんが 2 お母《かあ》さんのすきなところ

お父《とう》さんにお母《かあ》さんのすきなところを聞《き》いた。すると、「付和雷同《ふわらいどう》せず、しっかり自分《じぶん》があるところだ」と言《い》っていた。

「付和《ふわ》」は決《き》まった意見《いけん》を持《も》たず、すぐ他人《たにん》の意見《いけん》にさんせいすること。「雷同《らいどう》」は、かみなりが鳴《な》ると他《ほか》の物《もの》がそれに応《おう》じてひびくように、他人《たにん》の意見《いけん》に合《あ》わせるという意味《いみ》です。このふたつが組《く》み合《あ》わさってできた四字熟語《よじじゅくご》です。

人《ひと》の意見《いけん》にさんせいするということだけでは使《つか》いません。自分《じぶん》の意見《いけん》を持《も》たず、よく考《かんが》えずに人《ひと》に合《あ》わせて次々《つぎつぎ》と意見《いけん》をかえるようすに対《たい》して使《つか》います。「自分《じぶん》の意見《いけん》を持《も》たないと、しんらいをうしなうよ」という、アドバイスとして使《つか》いたいですね。

付和《ふわ》は「附和《ふわ》」と書《か》くこともあります。また、付和《ふわ》を「不和《ふわ》」、雷同《らいどう》を「雷動《らいどう》」と書《か》いてしまうのはまちがいです。注意《ちゅうい》しましょう。

反対《はんたい》の意味《いみ》のことば

初志貫徹《しょしかんてつ》
さいしょに心《こころ》に決《き》めた志《こころざし》を最後《さいご》までつらぬき通《とお》すこと。

独立独歩《どくりつどっぽ》
他人《たにん》にたよらず、自分《じぶん》の力《ちから》で信《しん》じる道《みち》を進《すす》んでいくこと。

かみなりが出《で》てくることば

かみなりが落《お》ちる
目上《めうえ》の人《ひと》に大声《おおごえ》でどなられ、しかられること。
→3巻《かん》79ページ

?クイズ！

かみなりが出《で》てくることわざ。世《よ》の中《なか》でとくにおそろしいとされるものの順《じゅん》を表《あらわ》しているよ。□に入《はい》ることばは？

地震《じしん》かみなり□□親父《おやじ》（漢字《かんじ》で）

答《こた》えは122ページ

大切《たいせつ》なのはそこじゃない！

そんなときに言《い》いたい！

本《ほん》末《まつ》転《てん》倒《とう》

意《い》味《み》

大切《たいせつ》なことと、どうでもよいことを取《と》りちがえること。

使《つか》い方《かた》まんが 1 テスト勉強《べんきょう》の計画《けいかく》

テストに向《む》けて勉強《べんきょう》のスケジュールを立《た》てた。でも、スケジュールを考《かんが》えるのに時間《じかん》がかかってしまって、ろくに勉強《べんきょう》ができなかった。これでは本末転倒《ほんまつてんとう》だ。

使《つか》い方《かた》まんが 2 練習《れんしゅう》よりゲーム!?

もっとサッカーがうまくなりたくて、サッカーのゲームしてたら練習《れんしゅう》にちこくしちゃって
へへへ
え！それじゃあ本末転倒《ほんまつてんとう》じゃん！

サッカーがうまくなりたくてサッカーのテレビゲームをしていたら、練習《れんしゅう》にちこくしてしまった。友《とも》だちにそれは本末転倒《ほんまつてんとう》だと言《い》われた。

「本末《ほんまつ》」はものごとの中心《ちゅうしん》となることや重要《じゅうよう》なことと、そうでない小《ちい》さなことのこと。「転倒《てんとう》」はひっくり返《かえ》ること。つまり、重要《じゅうよう》なこととそうでないことがひっくり返《かえ》ることを表《あらわ》したことばです。

このことばの由来《ゆらい》は、鎌倉時代《かまくらじだい》の仏教《ぶっきょう》にあるといわれています。宗派《しゅうは》の中心《ちゅうしん》として権力《けんりょく》を持《も》っていた本山《ほんざん》の寺《てら》よりも、それにしたがう立場《たちば》にある末寺《まつじ》のほうが人々《ひとびと》の間《あいだ》で人気《にんき》となり、立場《たちば》が強《つよ》くなったのです。本寺《ほんじ》と末寺《まつじ》の力関係《ちからかんけい》が逆転《ぎゃくてん》してしまったことから、「本末転倒《ほんまつてんとう》」と使《つか》われたのが始《はじ》まりだといわれています。

大切《たいせつ》なことをおろそかにして、どうでもよいことに時間《じかん》をかけているときや、いつの間《ま》にか目的《もくてき》と手段《しゅだん》が入《い》れかわってしまっているときに使《つか》うことばです。

似《に》た意味《いみ》のことば

主客転倒《しゅかくてんとう》
主人《しゅじん》と客《きゃく》の立場《たちば》が入《い》れかわることから、ものごとの立場《たちば》や順番《じゅんばん》がさかさまになること。

転《てん》の字《じ》が出《で》てくることば

急転直下《きゅうてんちょっか》 →74ページ

心機一転《しんきいってん》 →108ページ

七転八倒《しちてんばっとう》 →106ページ

?クイズ！

転《じ》の字が入《はい》ったことわざ「転《ころ》ばぬ□のつえ」。しっぱいにそなえて、あらかじめ手《て》を打《う》っておくという意味《いみ》だよ。□に入《はい》るのはどちら？

A《エイ》 道《みち》

B《ビー》 先《さき》

答《こた》えは122ページ

まよいすぎ！

そんなときに言《い》いたい！

優柔不断《ゆうじゅうふだん》

意味《いみ》

ぐずぐずして、ものごとを決《き》められないこと。

使《つか》い方《かた》まんが 1 これだけはまよっちゃう

ソウスケはいつもまよわない
今日《きょう》はこれを着《き》よう
サッ
かわりに選《えら》んであげることさえある
どっちを読《よ》もうかしら
こっち
サッ
でもロボットのフィギュアを選《えら》ぶときは話《はなし》が別《べつ》…
あ〜どうしよう。決《き》められない〜！
意外《いがい》と優柔不断《ゆうじゅうふだん》ね
どれもいいな〜

何《なに》をするのもまよわない友《とも》だちが、ロボットのフィギュアを選《えら》ぶときだけはまよっている。意外《いがい》と優柔《ゆうじゅう》不断《ふだん》な一面《いちめん》もあるようだ。

使《つか》い方《かた》まんが 2 どっちも食《た》べたい！

お店《みせ》でシュークリームかエクレアのどちらにしようかなやんでいたら、お父《とう》さんに「食《た》べることになると優柔不断《ゆうじゅうふだん》だなあ」と言《い》われた。

「優柔《ゆうじゅう》」はぐずぐずしているさま、「不《ふ》断《だん》」は思《おも》い切《き》りが悪《わる》く、いつまでも決《き》められないという意味《いみ》です。「優《ゆう》」という字《じ》には、本来《ほんらい》、「優《やさ》しい」という意味《いみ》がありますが、優《やさ》しい性格《せいかく》も度《ど》をこえると気《き》が弱《よわ》いことになってしまうのですね。また、まよいすぎると決断力《けつだんりょく》がない人《ひと》と思《おも》われてしまいます。中国《ちゅうごく》の『漢書《かんじょ》』という書物《しょもつ》に出《で》てくる「優游不断《ゆうゆうふだん》」ということばが語源《ごげん》といわれています。

似《に》た意味《いみ》のことば

意志薄弱《いしはくじゃく》
ものごとをやりとげたり、決《き》めたりする力《ちから》が弱《よわ》いこと。がまん強《づよ》さがないこと。

反対《はんたい》の意味《いみ》のことば

剛毅果断《ごうきかだん》
しっかりとした意志《いし》があり、ためらわずにすぐ行動《こうどう》すること。

初志貫徹《しょしかんてつ》
さいしょに心《こころ》に決《き》めた志《こころざし》を最後《さいご》までつらぬき通《とお》すこと。

こんなふうにも使《つか》えるね！

【なやむ友《とも》だちをうながすときに】
優柔不断《ゆうじゅうふだん》もそれくらいにして、そろそろ決《き》めようよ！

？クイズ！

反対《はんたい》の意味《いみ》の四字熟語《よじじゅくご》。その場《ば》ですぐに決断《けつだん》をすることだよ。「□断《だん》□決《けつ》」の□に入る漢字《かんじ》は？（□には同《おな》じ漢字《かんじ》が入《はい》るよ）

A《エイ》 早
B《ビー》 即
C《シー》 急

答《こた》えは122ページ

気《き》をゆるめるな

そんなときに言《い》いたい！

油《ゆ》断《だん》大《たい》敵《てき》

意《い》味《み》

油断《ゆだん》はしっぱいをまねく原因《げんいん》になる、おそろしい敵《てき》である。

使《つか》い方《かた》まんが 1 いつの間《ま》に!?

足《あし》の速《はや》さに自信《じしん》のあるぼくが、運動会《うんどうかい》の徒競走《ときょうそう》でカメラに気《き》を取《と》られているうちにぬかされた。友《とも》だちに「油断大敵《ゆだんたいてき》だ」と言《い》われた。

使《つか》い方《かた》まんが 2 帰《かえ》り道《みち》

車《くるま》で出《で》かけた帰《かえ》り道《みち》に、お父《とう》さんが「油断大敵《ゆだんたいてき》！最《さい》後《ご》まで気《き》をぬかず、安全運転《あんぜんうんてん》で帰《かえ》るぞ」と言《い》った。

もう平気《へいき》だろうと気《き》をゆるめて注意《ちゅうい》をおこたると、思《おも》いもよらぬこまった事態《じたい》になることがある。つまり、油断《ゆだん》が一番《いちばん》おそろしい大《おお》きな敵《てき》だということです。

「油断《ゆだん》」にはいくつかの語源《ごげん》があるといわれています。たとえば、あるインドの王《おう》が家来《けらい》に油《あぶら》の入《はい》ったうつわを持《も》って歩《ある》かせ、「一《いっ》てきでもこぼしたら命《いのち》を断《た》つ」と言《い》ったという説《せつ》です。ほかには、古《ふる》い日本語《にほんご》のことば「ゆたに」（ゆったり、のんびりという意味《いみ》）が「ゆだん」に変《へん》化《か》したという説《せつ》などがあります。

どんな人《ひと》でも注意《ちゅうい》をおこたれば、思《おも》わぬしっぱいをまねくもの。どんなときもなまけたり、気持《きも》ちをゆるめたりせず、「十分《じゅうぶん》に気《き》をつけよう」といういましめのことばです。

反対《はんたい》の意味《いみ》のことば

用意周到《よういしゅうとう》
↓20ページ

転《ころ》ばぬ先《さき》のつえ
しっぱいにそなえて、あらかじめ手《て》を打《う》っておくこと。↓1巻《かん》20ページ

油《あぶら》の字《じ》が出《で》てくることば

火《ひ》に油《あぶら》を注《そそ》ぐ
いきおいのはげしいものに、さらにいきおいをくわえること。さらに悪《わる》くすること。↓3巻《かん》89ページ

？クイズ！

敵《てき》が出《で》てくることわざ。敵《てき》の弱《よわ》みにつけこまず、ぎゃくに苦《くる》しい状況《じょうきょう》からすくうという意味《いみ》だよ。□に入《はい》る漢字《かんじ》は？

敵《てき》に塩《しお》を□る

答《こた》えは122ページ

やってみよう！

四字熟語《よじじゅくご》線《せん》つなぎ

上《うえ》の四字熟語《よじじゅくご》の意味《いみ》に合《あ》うせりふを下《した》から選《えら》んで線《せん》でつなごう！

答《こた》えは124ページ

1 自画自賛《じがじさん》 ●

2 不言実行《ふげんじっこう》 ●

3 無我夢中《むがむちゅう》 ●

● ケーキかプリンか、どちらから食《た》べようかな？ 決《き》められないよ……。

● ごはんを食《た》べるのもわすれて、ゲームに熱中《ねっちゅう》してしまった！

● 発表会《はっぴょうかい》の出《だ》し物《もの》は、クラスのだれもが「ももたろう」がいいと言《い》った。

4

用意周到《よういしゅうとう》

●

● 明日《あした》は遠足《えんそく》。もし雨《あめ》がふってきてもいいようにレインコートを持《も》っていこう。

5

優柔不断《ゆうじゅうふだん》

●

● 油絵《あぶらえ》にはじめてちょうせんしたけれど、われながらきれいにかけた！

6

異口同音《いくどうおん》

●

● はじめて会《あ》った友《とも》だちと、大《だい》すきなサッカーの話《はなし》でもり上《あ》がったよ。

7

意気投合《いきとうごう》

●

● あの人《ひと》はいちいち口《くち》に出《だ》さず、コツコツとやるべきことをやるよね。

1 一朝一夕《いっちょういっせき》 ●

2 四苦八苦《しくはっく》 ●

3 三日坊主《みっかぼうず》 ●

4 単刀直入《たんとうちょくにゅう》 ●

● むずかしい問題《もんだい》がなかなかとけない……。何《なに》をやっても答《こた》えがわからない！

● 毎日《まいにち》、日記《にっき》を書《か》くと決《き》めたのに、もうあきちゃった～。

● 前《まえ》おきなしで、いきなりズバッと言《い》われたよ。

● 一日《いちにち》勉強《べんきょう》しただけでは、テストで満点《まんてん》はとれないものだ。

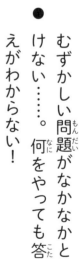

あの子《こ》と、その子《こ》と

なかのよさを表《あらわ》したり、
気持《きも》ちを伝《つた》えたりするとき、
こんな四字熟語《よじじゅくご》が使《つか》えると
かっこいいね！

気《き》が合《あ》うね！

そんなときに言《い》いたい！

意《い》気《き》投《とう》合《ごう》

意《い》味《み》

おたがいの気持《きも》ちや考《かんが》えが、ぴったり合《あ》うこと。

使《つか》い方《かた》まんが 1 きっかけは…

そういえば
レイとハンナは
どうしてなかよく
なったの？
1年生《ねんせい》のころ
キャ
キャ
あのドラマ
おもしろい
わよね
うん！
出《で》てくるごはんが
おいしそう！
すきなドラマの
話《はなし》で意気投合《いきとうごう》
したのよね～
そうそう！
パンッ
それ以来《いらい》、
ずっとなかよしよ！
そうだった
んだ！

友《とも》だちとなかよくなったきっかけは、1年生《ねんせい》のころに、すきなドラマの話《はなし》で意気投合《いきとうごう》したことだ。

使《つか》い方《かた》まんが 2 サッカーずき

転校生《てんこうせい》の山本《やまもと》さんです
サッカーやってます。田中選手《たなかせんしゅ》のファンです！
オレも田中選手《たなかせんしゅ》のファンなんだ！
本当《ほんとう》!? じゃあ昼休《ひるやす》みにサッカーやろう！
意《い》気《き》投《とう》合《ごう》!!

クラスにやってきた転校生《てんこうせい》は、ぼくと同《おな》じサッカーずき。しかも、同《おな》じ選手《せんしゅ》のファンだったので、すぐに意気投合《いきとうごう》した。

「意気《いき》」は気《き》だてや気性《きしょう》、心持《こころも》ちのこと、「投合《とうごう》」はふたつのものがぴったりと合《あ》うこと。つまり、自分《じぶん》の気持《きも》ちや考《かんが》えなどが、相手《あいて》とぴったり合《あ》うという意《い》味《み》です。

はじめて会《あ》った人《ひと》でも、長年《ながねん》の知《し》り合《あ》いのように話《はな》が通《つう》じたり、気《き》が合《あ》ったりすることがありますね。おたがいの気持《きも》ちや考《かんが》えが合《あ》ったときに使《つか》う、うれしい気持《きも》ちを表《あらわ》すことばです。

似《に》た意《い》味《み》のことば

馬《うま》が合《あ》う

とくべつに相性《あいしょう》がいいこと。よく気《き》が合《あ》うこと。→3巻《かん》100ページ

心《こころ》が通《かよ》う

おたがいの気持《きも》ちが伝《つた》わり合《あ》うこと。

息《いき》が合《あ》う

両者《りょうしゃ》の気持《きも》ちがぴったりと合《あ》うこと。

反対《はんたい》の意《い》味《み》のことば

反《そ》りが合《あ》わない

反《そ》り具合《ぐあい》が合《あ》わない刀《かたな》とさやのように、どうしても気心《きごころ》が合《あ》わないこと。

？クイズ！

「意気《いき》」が入《はい》った四字熟語《よじじゅくご》「意気《いき》□□」。元気《げんき》をなくしてしょんぼりするという意味《いみ》だよ。□に入《はい》るのはどちら？

A《エイ》 消沈《しょうちん》

B《ビー》 消失《しょうしつ》

答《こた》えは122ページ

あの子《こ》もこの子《こ》も同《おな》じセリフ！

そんなときに言《い》いたい！

異《い》口《く》同《どう》音《おん》

意《い》味《み》

多《おお》くの人《ひと》が同《おな》じことを言《い》うこと。

使《つか》い方《かた》まんが 1 人《にん》気《き》のお店《みせ》

あ、この中華屋《ちゅうかや》さん、前《まえ》もしょうかいされてたな
今日《きょう》やってきたのは…
わ！こっちにも
このサイトでもぜっさんされてる！
中華ガイド
各《かく》メディアで異口同音《いくどうおん》にぜっさんされている店《みせ》…行《い》かなきゃ！
ハァ
ハァ
ハァ
中《ちゅう》華《か》ランキング

いろいろなメディアで絶品《ぜっぴん》と異口同音《いくどうおん》に言《い》われている中華料理店《ちゅうかりょうりてん》に行《い》ってみたいと思《おも》った。

使《つか》い方《かた》まんが 2 楽《たの》しみな計画《けいかく》

今度《こんど》の日曜日《にちようび》は庭《にわ》でバーベキューしようか
いいね〜!
いいね〜!
いいね〜!
ニャー
みんなが異口同音《いくどうおん》でさんせいした

お母《かあ》さんが「日曜日《にちようび》に庭《にわ》でバーベキューをしよう」と言《い》った。みんなが異口同音《いくどうおん》でさんせいした。

「異口《いく》」はことなるさまざまな人《ひと》の口《くち》、「同音《どうおん》」は同《おな》じことを言《い》うことを表《あらわ》します。みんなの意見《いけん》がいっちするという意味《いみ》と、多《おお》くの人《ひと》が口《くち》をそろえて同《おな》じことを言《い》うという、ふたつの意味《いみ》があります。

意見《いけん》がそろっていれば、さんせい、反対《はんたい》、どちらの場合《ばあい》でも使《つか》えることばです。また、「異口《いく》」を「いこう」と読《よ》んだり、「異句《いく》」と書《か》いたりしないように注意《ちゅうい》しましょう。

似《に》た意味《いみ》のことば

口《くち》をそろえる
多《おお》くの人《ひと》が、同時《どうじ》に同《おな》じことを言《い》うこと。→3巻《かん》55ページ

満場一致《まんじょういっち》
その場《ば》にいる全員《ぜんいん》の意見《いけん》がひとつになること。

口《くち》が出《で》てくることば

良薬《りょうやく》は口《くち》に苦《にが》し
よいちゅうこくは聞《き》くのがつらいが、身《み》のためになるということ。
→1巻《かん》33ページ

口《くち》が軽《かる》い
おしゃべりで、言《い》ってはいけないことをかんたんにしゃべってしまう。
→3巻《かん》80ページ

?クイズ!

口の字《じ》が入《はい》ったことわざ。口《くち》に出《だ》さなくても、目《め》つきから感情《かんじょう》は伝《つた》わるものだという意味《いみ》だよ。□に入《はい》るのは?

□は口《くち》ほどにものを言《い》う(漢字《かんじ》で)

答《こた》えは122ページ

そんなときに言《い》いたい！

奇《き》想《そう》天《てん》外《がい》

使《つか》い方《かた》まんが　話《わ》題《だい》の小《しょう》説《せつ》

何《なん》て奇《き》想《そう》天《てん》外《がい》な推《すい》理《り》小《しょう》説《せつ》なのかしら！
まさか全《ぜん》員《いん》が犯《はん》人《にん》だなんて……

話《わ》題《だい》の小《しょう》説《せつ》は奇《き》想《そう》天《てん》外《がい》なストーリーで、読《よ》んでいてこうふんしてしまった。

意《い》味《み》

ふつうでは考《かんが》えつかないような、思《おも》いもよらないこと。

「奇《き》想《そう》」は、ふつうでは思《おも》いつかないような考《かんが》え、「天《てん》外《がい》」は、はるかかなたの空《そら》、思《おも》いもよらない所《ところ》という意《い》味《み》です。だれも思《おも》いつかないような、かわったことやようすを表《あらわ》します。思《おも》いもよらない考《かんが》えが大《おお》空《ぞら》からふってきたという意《い》味《み》のことば「奇《き》想《そう》天《てん》外《がい》より落《お》つ」がもとになっています。

似《に》た意《い》味《み》のことば

斬《ざん》新《しん》奇《き》抜《ばつ》

このみやようすがとても新《あたら》しく、かわっているさま。

才《さい》気《き》煥《かん》発《ぱつ》

使《つか》い方《かた》まんが スター選手《せんしゅ》

史上最年少《しじょうさいねんしょう》でサッカーのプロデビューをはたした少年《しょうねん》のニュースを見《み》た。なんて才気煥発《さいきかんぱつ》なんだろうと感心《かんしん》した。

意《い》味《み》

すぐれた才能《さいのう》や頭《あたま》のはたらきが表《おもて》にあらわれること。

「才気《さいき》」にはすぐれた才能《さいのう》や頭《あたま》のはたらきという意味《いみ》があります。「煥《かん》」は光《ひか》りかがやくさまを表《あらわ》す漢字《かんじ》で、「煥発《かんぱつ》」は、火《ひ》の光《ひかり》がもえるようにかがやくようすを表《あらわ》します。友《とも》だちのすぐれた一面《いちめん》を見《み》たときや、活躍《かつやく》するすがたに、ほめことばとして使《つか》いましょう。

似《に》た意味《いみ》のことば

才気横溢《さいきおういつ》
すぐれた才能《さいのう》が、あふれるほどさかんなこと。

清《きよ》く正《ただ》しい！

そんなときに言《い》いたい！

清《せい》廉《れん》潔《けっ》白《ぱく》

意《い》味《み》

心《こころ》がきれいで正《ただ》しく、やましいところがないようす。

使《つか》い方《かた》まんが 1 うそ…信《しん》じられない！

たんていドラマを見《み》ていた姉《あね》が、真犯人《しんはんにん》を知《し》って「かれは清廉潔白《せいれんけっぱく》なはずだから、犯人《はんにん》なわけがない」とおこっていた。

使《つか》い方《かた》まんが 2 児童会長《じどうかいちょう》せんきょ

へへへ…だまし ちゃおう
きよいきよこ
清《きよ》き一票《いっぴょう》を
よろしくおねがいします！
児童会長《じどうかいちょう》は心《こころ》のそこから清廉潔白《せいれんけっぱく》な人《ひと》がいいよね
うん うん

児童会長《じどうかいちょう》を選《えら》ぶせんきょで、友《とも》だちは「会長《かいちょう》は心《こころ》のそこから清廉潔白《せいれんけっぱく》な人《ひと》がいい」と言《い》っていた。

「清廉《せいれん》」は心《こころ》が清《きよ》らかで、自分勝手《じぶんかって》なよくがないこと、「潔白《けっぱく》」は心《こころ》や行《おこな》いがきれいで正《ただ》しく、やましいところがないことを意味《いみ》します。

「清廉潔白《せいれんけっぱく》」は、四文字《よんもじ》すべてが清《きよ》らか、けがれがないといった意味《いみ》を持《も》っています。うそをついたり、個人的《こじんてき》なよくに走《はし》ったりしない人《ひと》だと、ひょうかすることばです。

一方《いっぽう》で、実際《じっさい》のところ、そんなふうに清《きよ》く正《ただ》しいと言《い》いきれる人《ひと》は多《おお》くはありません。だれでもひとつくらい、後《うし》ろめたいことがあるでしょう。自分《じぶん》で自分《じぶん》のことを「清廉潔白《せいれんけっぱく》」というと、うそくさくなることもあるので要注意《ようちゅうい》です。皮肉《ひにく》をこめて「清廉潔白《せいれんけっぱく》な人《ひと》などいない」という使《つか》い方《かた》をすることもあります。

似《に》た意味《いみ》のことば

謹厳実直《きんげんじっちょく》
しんちょうで、遠慮深《えんりょぶか》く、まじめで正直《しょうじき》であるさま。

品行方正《ひんこうほうせい》
行《おこな》いがきちんとしていて正《ただ》しいこと。

清の字《じ》が出《で》てくることば

水清《みずきよ》ければ魚《うお》棲《す》まず
正《ただ》しくけっぺきすぎると、かえって人《ひと》がよってこなくなる。
→2巻《かん》116ページ

？クイズ！

似《に》た意味《いみ》の四字熟語《よじじゅくご》「□□白日《はくじつ》」。よく晴《は》れた青空《あおぞら》と日《ひ》の光《ひかり》のように、心《こころ》にくもりがないことのたとえだよ。□に入《はい》ることばはどちら？

A《エイ》 青空《あおぞら》
B《ビー》 青天《せいてん》

答《こた》えは123ページ

相《そう》思《し》相《そう》愛《あい》

使《つか》い方《かた》まんが　愛《あい》し合《あ》うふたり

このふたり、本当《ほんとう》に心《こころ》から愛《あい》し合《あ》っているのね～
あいしてる…
わたしも…
相思相愛《そうしそうあい》なすがたにあこがれるわ～
何《なん》でくねくねしてるの

ラブストーリーを読《よ》んだ友《とも》だちが「相思相愛《そうしそうあい》なふたりにあこがれる」と言《い》って、うらやましそうにしていた。

意《い》味《み》

おたがいにしたい合《あ》い、愛《あい》し合《あ》っていること。両想《りょうおも》い。

「相《そう》」には、おたがいに、という意味《いみ》があります。「相思《そうし》」はたがいにしたい合《あ》うこと、「相愛《そうあい》」はたがいに愛《あい》し合《あ》うことです。本来《ほんらい》は人《ひと》と人《ひと》が思《おも》い合《あ》っているときに使《つか》いますが、自分《じぶん》の入《はい》りたいチームが自分《じぶん》をほしがっているなど、愛《あい》する気持《きも》ち以外《いがい》にも使《つか》うことがあります。

似《に》た意味《いみ》のことば

落《らっ》花《か》流《りゅう》水《すい》

男女《だんじょ》がたがいに思《おも》い合《あ》い、心《こころ》が通《つう》じ合《あ》っているようす。

ほとんといっしょ！

そんなときに言いたい！

大《だい》同《どう》小《しょう》異《い》

使《つか》い方《かた》まんが　ユニフォーム

友《とも》だちが似《に》たようなふたつの服《ふく》を見《み》せながら、「どっちが似合《にあ》うと思《おも》う？」とたずねてきた。ぼくにはどちらも大同小異《だいどうしょうい》に見《み》えた。

意味《いみ》

こまかなちがいはあっても、全体《ぜんたい》としてかわらないこと。

「大同《だいどう》」はだいたい同《おな》じ、「小異《しょうい》」はごくわずかなちがいということです。ふたつ以上《いじょう》のものを見《み》くらべて、どれも似《に》たりよったりで大《おお》きな差《さ》がないという場面《ばめん》で使《つか》いましょう。

似《に》た意味《いみ》のことば

どんぐりの背《せい》くらべ
どれも似《に》たようなもので、目立《めだ》つものがないこと。ぱっとしない者《もの》どうしがあらそっていること。↓1巻《かん》52ページ

五十歩百歩《ごじっぽひゃっぽ》
たいしたちがいがなく、似《に》たようなものだということ。↓2巻《かん》64ページ

ズバッと言《い》うと……

単《たん》刀《とう》直《ちょく》入《にゅう》

そんなときに言《い》いたい！

意《い》味《み》

遠回《とおまわ》しな言《い》い方《かた》をせず、いきなり伝《つた》えたいことを話《はな》すこと。

使《つか》い方《かた》まんが 1 姉《あね》の新《あたら》しい服《ふく》

新《あたら》しい服《ふく》を着《き》た姉《あね》が「この服似合《ふくにあ》う？」と聞《き》くので、単刀直入《たんとうちょくにゅう》に答《こた》えたら、ないてしまった。

使《つか》い方《かた》まんが 2 レイの妄想《もうそう》

友《とも》だちが、遠回《とおまわ》しな言《い》い方《かた》ではなく、単刀直入《たんとうちょくにゅう》なプロポーズにあこがれると言《い》っていた。

このことばは、中国《ちゅうごく》の古《ふる》い書物《しょもつ》の中《なか》の文章《ぶんしょう》に書《か》かれた、たったひとりで一本《いっぽん》の刀《かたな》だけを持《も》ち、敵《てき》の陣地《じんち》に切《き》りこんでいくようすに由来《ゆらい》していると考《かんが》えられています。

話《はなし》をするときは、自分《じぶん》の考《かんが》えやその考《かんが》えにいたった理由《りゆう》などの前《まえ》おきを入《い》れることが多《おお》いと思《おも》います。しかし、そういった話《はなし》をぬきにして、いきなり本題《ほんだい》から話《はなし》を始《はじ》めることを、一本《いっぽん》の刀《かたな》で切《き》りこんでいくすがたにたとえているのです。

相手《あいて》に言《い》いにくいことを思《おも》い切《き》って話《はな》すときや、こまかい説明《せつめい》はしないで、いきなり結論《けつろん》を話《はな》すときなどに、「単刀直《たんとうちょく》入《にゅう》に言《い》うけど」のように使《つか》ってもいいですね。「単刀《たんとう》」を「短刀《たんとう》」と書《か》きまちがえないように注意《ちゅうい》しましょう。

似《に》た意味《いみ》のことば

歯《は》に衣着《きぬき》せぬ

遠慮《えんりょ》せずに、思《おも》ったことを言《い》うこと。

反対《はんたい》の意味《いみ》のことば

奥歯《おくば》にものがはさまる

遠慮《えんりょ》して、思《おも》ったことや言《い》いたいことをぼやかしているようす。

回《まわ》りくどい

遠回《とおまわ》しで、はっきりとしていないさま。

クイズ！

刀の字《じ》が入《はい》った慣用句《かんようく》。相手《あいて》のほうが力《ちから》が上《うえ》で、勝負《しょうぶ》にならないという意味《いみ》だよ。□に入《はい》ることばは？

太刀《たち》□□できない（ひらがなで）

答《こた》えは123ページ

きみにぴったり合《あ》うね！

そんなときに言《い》いたい！

適《てき》材《ざい》適《てき》所《しょ》

意《い》味《み》

その人《ひと》の性格《せいかく》や才能《さいのう》、能力《のうりょく》に適《てき》した場所《ばしょ》や役割《やくわり》をあたえること。

使《つか》い方《かた》まんが 1 ぼくが主役《しゅやく》⁉

学芸会《がくげいかい》のげきの役《やく》わりはくじ引《び》きで決《き》めます
パカッ
え⁉ ぼくが主役《しゅやく》⁉
練習中《れんしゅうちゅう》
わあ〜。はずかしいよ〜
ぼくに主役《しゅやく》は無理《むり》だよ
ガクッ
ハァ〜
オレ主役《しゅやく》やりたい
適材適所《てきざいてきしょ》って言《い》うからな。オレと音楽係《おんがくがかり》かわる？
学芸会当日《がくげいかいとうじつ》
やっぱりぼくはうら方《かた》がいいや！

くじ引《び》きで学芸会《がくげいかい》のげきの主役《しゅやく》をやることになり、こまっていると、うら方《かた》をしていた友《とも》だちがかわってくれた。適材適所《てきざいてきしょ》で、ぼくにはうら方《かた》のほうがいい。

使《つか》い方《かた》まんが 2 給食《きゅうしょく》当《とう》番《ばん》

さあみんな！給食《きゅうしょく》の時間《じかん》だよ！一列《いちれつ》にならんで！
イキイキとしていてすてきだわ。まさに適材適所《てきざいてきしょ》ね

今日《きょう》の給食当番《きゅうしょくとうばん》は食《た》べることが大《だい》すきな友《とも》だち。イキイキとしていて、まさに適材適所《てきざいてきしょ》だと思《おも》った。

「材《ざい》」には、能力《のうりょく》、才能《さいのう》があるといった意味《いみ》があり、「適材《てきざい》」は、その役割《やくわり》にぴったりな才能《さいのう》や人材《じんざい》を表《あらわ》します。「適《てき》所《しょ》」はその才能《さいのう》や人材《じんざい》に適《てき》した場所《ばしょ》ということです。つまり、その人《ひと》の才能《さいのう》や能《のう》力《りょく》に一番《いちばん》ふさわしい地位《ちい》や仕事《しごと》をあたえるということですね。

人《ひと》には向《む》き不向《ふむ》きがありますから、何《なに》ごとも自分《じぶん》に合《あ》った役《やく》わりにつけると、うまくいくということですね。

似《に》た意味《いみ》のことば

水《みず》を得《え》た魚《うお》

とくい分野《ぶんや》で、活躍《かつやく》するようす。

反対《はんたい》の意味《いみ》のことば

大器小用《たいきしょうよう》

才能《さいのう》のある人《ひと》につまらない仕事《しごと》をさせ、その人《ひと》の力《ちから》を発揮《はっき》させないこと。

身《み》の丈《たけ》に合《あ》わない

立場《たちば》に合《あ》うだけの能力《のうりょく》がないさま。

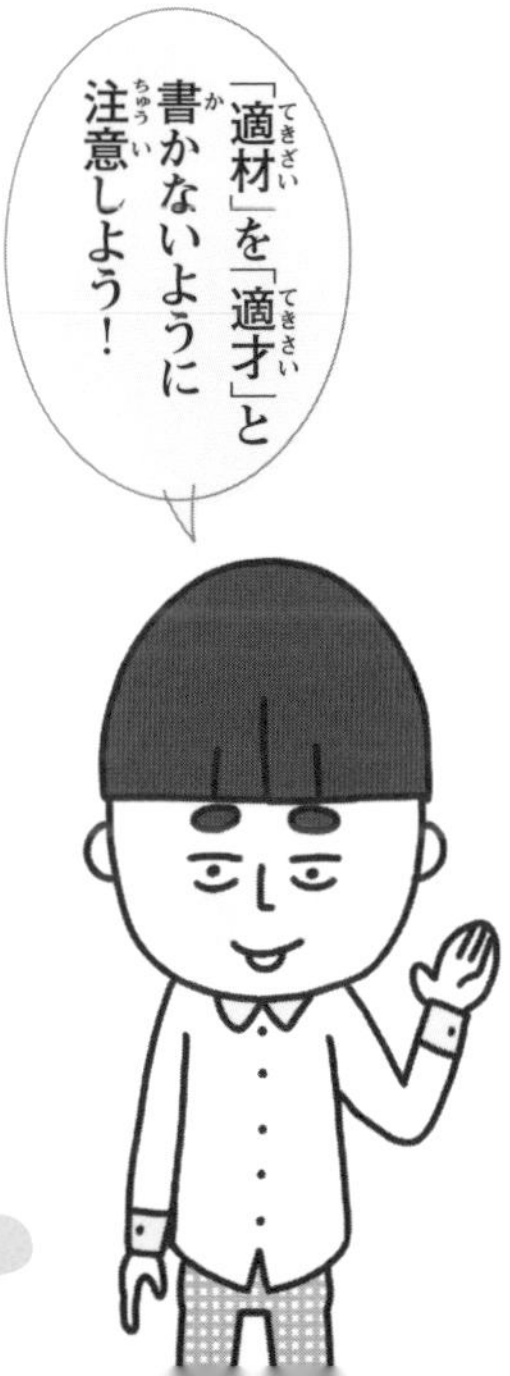
「適材《てきざい》」を「適才《てきさい》」と書《か》かないように注意《ちゅうい》しよう！

クイズ！

似《に》た意味《いみ》のことわざ。何《なに》ごとも、せんもん家《か》が一番《いちばん》すぐれているので、まかせたほうがいいという意味《いみ》だよ。□に入《はい》ることばは？

もちは□□屋《や》（ひらがなで）

答《こた》えは123ページ

正《ただ》しい使《つか》い方《かた》はどっち？

それぞれの四字熟語《よじじゅくご》の使《つか》い方《かた》が正《ただ》しいほうを選《えら》ぼう。

答《こた》えは124ページ

起《き》死《し》回《かい》生《せい》

ア

起《き》死《し》回《かい》生《せい》の逆点《ぎゃくてん》ゴールで、勝利《しょうり》することができた

イ

今日《きょう》は試合《しあい》に負《ま》けてしまったので、まさに起《き》死《し》回《かい》生《せい》だ

答《こた》え［　　］

七《しち》転《てん》八《ばっ》倒《とう》

ア

人生《じんせい》は七《しち》転《てん》八《ばっ》倒《とう》。しっぱいしてもまたやり直《なお》せばいい

イ

弟《おとうと》は食《た》べすぎておなかをこわして、七《しち》転《てん》八《ばっ》倒《とう》している

答《こた》え［　　］

八方美人《はっぽうびじん》

ア

だれにでもいい顔《かお》をするなんて、**八方美人《はっぽうびじん》**だ

イ

勉強《べんきょう》もスポーツもできるなんて、**八方美人《はっぽうびじん》**だ

答《こた》え〔　　〕

馬耳東風《ばじとうふう》

ア

友《とも》だちが先生《せんせい》に注意《ちゅうい》されていたけど、**馬耳東風《ばじとうふう》**のようだ

イ

あの子《こ》は**馬耳東風《ばじとうふう》**だから、人《ひと》の話《はなし》をよく聞《き》いている

答《こた》え〔　　〕

海《う》千《せん》山《やま》千《せん》

ア

先生《せんせい》は海千山千《うみせんやません》で何《なん》でも知《し》っているから、たよりになる

イ

敵《てき》のサッカーチームのコーチは海《うみ》千山千《せんやません》の世《よ》わたり上手《じょうず》だから、油断《ゆだん》できない

答《こた》え〔　　〕

危《き》機《き》一《いっ》髪《ぱつ》

ア

ねこが道《みち》にとび出《だ》したけれど、危機一髪《ききいっぱつ》のところで助《たす》かった

イ

サッカーの試合《しあい》中《ちゅう》、危機一髪《ききいっぱつ》でけがをしてしまった

答《こた》え〔　　〕

4 人《じん》生《せい》いろいろ四《よ》字《じ》熟《じゅく》語《ご》

山《やま》あり谷《たに》あり……

おどろいたり、まよったり、大逆転《だいぎゃくてん》でよろこんだり。何《なに》が起《お》こるかわからない、そんな毎日《まいにち》にぴったりな四字熟語《よじじゅくご》があるよ。

わからないけどやってみる

そんなときに言《い》いたい!

暗《あん》中《ちゅう》模《も》索《さく》

意味《いみ》

手《て》がかりがない中《なか》で、あれこれさがしたり、ためしてみたりすること。

使《つか》い方《かた》まんが 1 考《かん》えすぎて…

友《とも》だちが、暗中模索《あんちゅうもさく》で新《あたら》しいプログラミングにちょうせんしているようだ。

使《つか》い方《かた》まんが 2 シェフのなやみ

シェフが世界中《せかいじゅう》から食材《しょくざい》をとりよせて、新《あたら》しい料理《りょうり》を作《つく》るために暗中模索《あんちゅうもさく》している。

「暗中《あんちゅう》」は暗《くら》やみの中《なか》、「模索《もさく》」は手《て》さぐりでさがすことを意味《いみ》します。まっ暗《くら》やみでさがしものをするときは、どこに何《なに》があるかわからず、とりあえず手《て》をのばしてみますよね。そんなふうに、手《て》さぐりでいろいろとためしてみるようすを表《あらわ》しています。

新《あたら》しいことやむずかしいことにチャレンジするときなど、どうしたらいいかわからないときにぴったりの四字熟語《よじじゅくご》です。

似《に》た意味《いみ》のことば

悪戦苦闘《あくせんくとう》
→10ページ

五里霧中《ごりむちゅう》
→104ページ

試行錯誤《しこうさくご》
新《あたら》しいものごとを、こころみとしっぱいをくり返《かえ》して、かんせいに近《ちか》づけていくこと。

暗の字《じ》が出《で》てくることば

疑心暗鬼《ぎしんあんき》を生《しょう》ず
うたがう心《こころ》があると、何《なん》でもないことでもうたがわしく思《おも》えてくること。
→2巻《かん》80ページ

明暗《めいあん》を分《わ》ける
勝《か》ち負《ま》けや成功《せいこう》としっぱいなどが、それによってはっきり決《き》まること。

？クイズ！

暗の字《じ》が入《はい》ったことわざ。自分《じぶん》の身《み》の回《まわ》りのことは意外《いがい》とわかりにくく、気《き》がつかないものだという意味《いみ》だよ。□に入《はい》ることばは？

□□下《もと》暗《くら》し（漢字《かんじ》で）

答《こた》えは123ページ

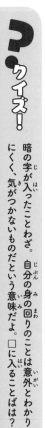

何《なに》か意味《いみ》がありそうだ……

そんなときに言《い》いたい!

意《い》味《み》深《しん》長《ちょう》

意《い》味《み》

文章《ぶんしょう》や人《ひと》の言動《げんどう》に深《ふか》い意味《いみ》があること。また、言動《げんどう》や文章《ぶんしょう》に別《べつ》の意味《いみ》がかくれていること。

使《つか》い方《かた》まんが 1 サプライズの計画《けいかく》

明日《あした》はレイの誕生日《たんじょうび》だから
今日《きょう》の放課後《ほうかご》はサプライズのじゅんびね!
オッケー!!
レイにはひみつな
放課後《ほうかご》
ハンナ、今日《きょう》遊《あそ》ばない?
スーッ
…ごめん…
なんだかハンナが意味深長《いみしんちょう》なそぶりで…
わたし何《なに》かおこらせるようなことしたかしら…
言《い》えない…。サプライズを計画《けいかく》してるからだとは…

友《とも》だちの誕生日《たんじょうび》をいわうサプライズのじゅんびをしていたら、本人《ほんにん》から「意味深長《いみしんちょう》なそぶりで気《き》になる」と言《い》われてしまった。

使《つか》い方《かた》まんが 2 明日《あした》はいいことが

先生《せんせい》が「明日《あした》はいいことがあるかもしれない」と、意味深長《いみしんちょう》な言《い》い方《かた》をした。次《つぎ》の日《ひ》にあったのは、ぬきうちテストだった。

「深長《しんちょう》」とは、奥《おく》が深《ふか》くてふくみがあることを表《あらわ》します。「意味深長《いみしんちょう》」ということばには、ふたつの使《つか》い方《かた》があります。

ひとつは、味《あじ》わい深《ぶか》く、そのおくには何《なに》か意味《いみ》がこめられていそうだと感《かん》じるような、ことばやふるまいに対《たい》して使《つか》われます。

もうひとつは、うらがわに別《べつ》の意味《いみ》をかくしもったことばやふるまいに使《つか》います。人《ひと》は本音《ほんね》とはちがうことを言《い》ったりしたりすることがあります。ことばとはちがう気持《きも》ちがかくされているようだと感《かん》じたときに使《つか》うことばです。

しゃべりことばでは、「意味深《いみしん》」とちぢめて使《つか》うこともあります。また、「深長《しんちょう》」を「慎重《しんちょう》」と書《か》くのはあやまりなので、気《き》をつけましょう。

長の字《じ》が出《で》てくることば

一長一短《いっちょういったん》
→100ページ

首《くび》を長《なが》くする
あることを楽《たの》しみに、今《いま》か今《いま》かと待《ま》つようす。
→3巻《かん》56ページ

帯《おび》に短《みじか》したすきに長《なが》し
ものごとがちゅうとはんぱで、何《なん》の役《やく》にも立《た》たないこと。
→1巻《かん》42ページ

？クイズ！

反対《はんたい》の意味《いみ》の四字熟語《よじじゅくご》「□□明快《めいかい》」。ものごとがふくざつでなく、わかりやすいという意味《いみ》だよ。□に入《はい》ることばはどちら？

A《エイ》 単純《たんじゅん》

B《ビー》 簡単《かんたん》

答《こた》えは123ページ

世《よ》の中《なか》を知《し》りつくしている!?

そんなときに言《い》いたい！

海《うみ》千《せん》山《やま》千《せん》

意味《いみ》

長年《ながねん》のけいけんから、世《よ》の中《なか》のうらがわまで知《し》りつくしてずるがしこいこと。

海《うみ》に千年《せんねん》、山《やま》に千年《せんねん》住《す》んだへびは、竜《りゅう》になるという、中国《ちゅうごく》の言《い》い伝《つた》えからきたことばです。長《なが》いけいけんをつむと、いろいろな知識《ちしき》がついて、ずるがしこさも身《み》につくものだという意味《いみ》で、したたかでぬけ目《め》のない人《ひと》のことをうわさするときに使《つか》います。

千の字《じ》が出《で》てくることば

千差万別《せんさばんべつ》
↓110ページ

使《つか》い方《かた》まんが　商売上手《しょうばいじょうず》！

お母《かあ》さん、にんじんが似合《にあ》うね～
あらーふふふ。ありがとう。いい店《みせ》ね！
店長《てんちょう》さん海千山千《うみせんやません》の商売上手《しょうばいじょうず》だ

八百屋《やおや》さんで買《か》い物《もの》をしていると、店長《てんちょう》さんがお母《かあ》さんに「にんじんが似合《にあ》うね」と声《こえ》をかけた。海千山千《うみせんやません》の商売上手《しょうばいじょうず》だと思《おも》った。

あっちへ行ったり、こっちへ行ったり

そんなときに言いたい！

紆《う》余《よ》曲《きょく》折《せつ》

使《つか》い方《かた》まんが　やるの？　やらないの？

オレがやる！
えー!?
やっぱり自信《じしん》ないからやって…
やっぱりやる！
じゃあゆずる
なんだよ…
紆余曲折《うよきょくせつ》のすえ、サッカークラブのキャプテンはあいつにゆずることにしたよ

サッカークラブのキャプテンを決《き》めるとき、友《とも》だちがやりたいと言《い》ったり、やらないと言《い》ったり、紆余曲《うよきょく》折《せつ》があったが、結局《けっきょく》その子《こ》がやることになった。

意《い》味《み》

ものごとのなりゆきがこみいっていて、ふくざつなこと。

「紆余《うよ》」は川《かわ》や道《みち》などがくねくねと曲《ま》がること、「曲折《きょくせつ》」は折《お》れ曲《ま》がること。曲《ま》がりくねった道《みち》のように、ものごとのなりゆきがふくざつな状況《じょうきょう》であることを表《あらわ》します。計画《けいかく》がうまく進《すす》まず、さまざまな変更《へんこう》がおこったり、問題解決《もんだいかいけつ》に手間《てま》取ったりしたときに使《つか》えます。

反対《はんたい》の意味《いみ》のことば

順風満帆《じゅんぷうまんぱん》

→78ページ

一気《いっき》にぎゃくてんだ！

そんなときに言《い》いたい！

起《き》死《し》回《かい》生《せい》

意《い》味《み》

のぞみが消《き》えかけた状態《じょうたい》から、いきおいをもり返《かえ》すこと。

使《つか》い方《かた》まんが 1 いくぜ！　後《こう》半《はん》戦《せん》！

サッカーの試合《しあい》で、前半《ぜんはん》は相手《あいて》チームにリードされたが、後半《こうはん》は「起死回生《きしかいせい》のシュートを入《い》れるぞ！」とチーム全員《ぜんいん》で気合《きあ》いを入《い》れた。

使《つか》い方《かた》まんが 2 新《しん》メニューのいちごまん

新《しん》メニューのいちごまん、売《う》り切《き》れです!
え〜
いちごまん
あのときのいちごまんがこんなにヒットするなんてね
苦《くる》しかった店《みせ》の売《う》り上《あ》げももち直《なお》して、あれが起死回生《きしかいせい》の一手《いって》だったよ

あるお店《みせ》は、売《う》り上《あ》げが苦《くる》しい中《なか》で起死回生《きしかいせい》の一手《いって》となる新《しん》メニューをうみ出《だ》し、それによって人気店《にんきてん》になったそうだ。

「起死《きし》」も「回生《かいせい》」も、死《し》にかかった人《ひと》を生《い》き返《かえ》らせるということ。このふたつを組《く》み合《あ》わせて、もうあきらめたくなるような状況《じょうきょう》や計画《けいかく》などを、ふたたび立《た》て直《なお》すという意味《いみ》のことばになりました。そんな苦《くる》しい状態《じょうたい》から一気《いっき》に立《た》ち直《なお》るきっかけとなる方法《ほうほう》を「起死回生《きしかいせい》の一手《いって》」「起死回生《きしかいせい》の策《さく》」などといいます。スポーツなど、はば広《ひろ》い場面《ばめん》で使《つか》える四字熟語《よじじゅくご》です。

似《に》た意味《いみ》のことば

息《いき》をふき返《かえ》す
だめになりそうだったものが、いきおいを取《と》りもどすこと。

九死《きゅうし》に一生《いっしょう》を得《え》る
ほとんど助《たす》かる見《み》こみのないところから、かろうじて助《たす》かること。

反対《はんたい》の意味《いみ》のことば

再起不能《さいきふのう》
しっぱいやざせつから立《た》ち直《なお》ることができない状態《じょうたい》のこと。

「回生起死《かいせいきし》」ともいうよ

?クイズ!

回の字《じ》が入《はい》った慣用句《かんようく》。自分《じぶん》に順番《じゅんばん》が回《まわ》ってくるという意味《いみ》だよ。正《ただ》しいのはどちら?

A《エイ》 お椀《わん》が回《まわ》る

B《ビー》 お鉢《はち》が回《まわ》る

答《こた》えは123ページ

急《きゅう》に解決《かいけつ》!

そんなときに言《い》いたい!

急《きゅう》転《てん》直《ちょっ》下《か》

意《い》味《み》

ものごとのなりゆきが急《きゅう》に変化《へんか》して、解決《かいけつ》したり、結末《けつまつ》をむかえたりすること。

使《つか》い方《かた》まんが 1 犯人《はんにん》はだれだ!?

ぼくのロボットがこわされていた。それから毎日犯人《まいにちはんにん》をさがすも、なかなか見《み》つからなかったが、急転直下《きゅうてんちょっか》、ある日《ひ》、事件《じけん》は解決《かいけつ》した。

使《つか》い方《かた》まんが 2 気《き》になる展開《てんかい》

え⁉
このふたり、じつは
兄弟《きょうだい》だったの⁉
ビックリ!!
最終回目前《さいしゅうかいもくぜん》で
すごいことに…
急転直下《きゅうてんちょっか》な展開《てんかい》に
目《め》がはなせないよ～
ハァ
ハァ
ハァ
ハァ

まんがの登場人物《とうじょうじんぶつ》の、思《おも》いもよらぬ事実《じじつ》にびっくり。急転直下《きゅうてんちょっか》の展開《てんかい》に目《め》がはなせない。

「急転《きゅうてん》」は急《きゅう》に変化《へんか》すること、「直下《ちょっか》」はまっすぐに下《お》りること。転《てん》じて、事態《じたい》がとつぜん変化《へんか》し、ものごとが解決《かいけつ》に向《む》かったり、結末《けつまつ》をむかえたりすることをいうようになりました。

それまで長《なが》い間《あいだ》、解決《かいけつ》しなかった問題《もんだい》がとつぜん結末《けつまつ》をむかえたときに使《つか》います。結末《けつまつ》がよくても悪《わる》くても使《つか》えますが、どちらかというと、よい結末《けつまつ》のときに使《つか》うことが多《おお》いことばです。

反対《はんたい》の意味《いみ》のことば

堂々《どうどう》めぐり
同《おな》じような考《かんが》えやぎろんがくり返《かえ》され、少《すこ》しも先《さき》に進《すす》まないこと。

泥沼《どろぬま》
ぬけ出《だ》すことがむずかしい悪《わる》い状況《じょうきょう》。

直の字《じ》が出《で》てくることば

単刀直入《たんとうちょくにゅう》
→58ページ

直立不動《ちょくりつふどう》
まっすぐに立《た》って、動《うご》かないこと。

こんなふうにも使《つか》えるね！

【クラスの大《だい》ニュースを伝《つた》えるときに】

みんな聞《き》いて！ なかなか決《き》まらなかったクラスレクの内容《ないよう》が、**急転直下《きゅうてんちょっか》**、ドッジボールに決《き》まったよ！

クイズ！

急《いそ》の字《じ》が入《はい》ったことわざ。急《いそ》ぐときこそ確実《かくじつ》なやり方《かた》をとったほうがうまくいくという意味《いみ》だよ。□に入《はい》る漢字《かんじ》は？

急《いそ》がば□れ

答《こた》えは123ページ

ごちゃまぜだね！

そんなときに言《い》いたい！

玉《ぎょく》石《せき》混《こん》淆《こう》

使《つか》い方《かた》まんが　八百屋《やおや》さん

八百屋《やおや》さんに買《か》い物《もの》に行《い》った。新鮮《しんせん》なものもあるけど古《ふる》いものもあって、玉石混淆《ぎょくせきこんこう》だと思《おも》った。

意《い》味《み》

よいものと悪《わる》いものが入《い》りまじっているようす。

「玉石《ぎょくせき》」の「玉《ぎょく》」は宝石《ほうせき》と石《いし》ころ、「混淆《こんこう》」はいろいろなものが入《い》りまじること。「混淆《こんこう》」は「混交《こんこう》」とも書《か》きます。宝石《ほうせき》と石《いし》ころのように、すぐれたものとつまらないものが区別《くべつ》なく入《い》りまじっていることをたとえたことばです。中国《ちゅうごく》の古《ふる》い書《しょ》物《もつ》の中《なか》のことばに由来《ゆらい》するといわれています。

玉の字《じ》が出《で》てくることば

珠玉《しゅぎょく》

珠《しゅ》は真珠《しんじゅ》。真珠《しんじゅ》と宝石《ほうせき》のように美《うつく》しくすぐれているもの。

チャンスを待っているの
そんなときに言いたい！

虎《こ》視《し》眈《たん》々《たん》

使《つか》い方《かた》まんが お母《かあ》さんの獲物《えもの》は…？

「野生《やせい》のトラは虎視眈々《こしたんたん》と獲物《えもの》をねらう」とテレビで言《い》っている横《よこ》で、お母《かあ》さんも虎視眈々《こしたんたん》とわたしのケーキをねらっている。

意《い》味《み》

機会《きかい》をねらってじっとようすをうかがうこと。

とらが獲物《えもの》をねらって、するどい目《め》でじっと見《み》ているという意味《いみ》から、すきをつこうとようすをうかがっているさまを表《あらわ》します。中国《ちゅうごく》の古《ふる》い書物《しょもつ》の中《なか》のことばに由来《ゆらい》するといわれています。

虎の字《じ》が出《で》てくることば

虎穴《こけつ》に入《い》らずんば虎子《こじ》を得《え》ず
きけんをおかさなければ大《おお》きな成功《せいこう》は得《え》られない。
→2巻《かん》106ページ

虎《とら》の威《い》を借《か》る狐《きつね》
弱《よわ》い者《もの》が、強《つよ》い者《もの》の権力《けんりょく》にたよって、いばること。
→2巻《かん》114ページ

思《おも》いどおり！

そんなときに言《い》いたい！

順《じゅん》風《ぷう》満《まん》帆《ぱん》

意《い》味《み》

ものごとがうまく進《すす》むこと。

使《つか》い方《かた》まんが 1 ユウキの未来予想図《みらいよそうず》

小学《しょうがく》5年生《ねんせい》で日本代表《にほんだいひょう》に選《えら》ばれる
きみ上手《じょうず》だね！ぜひ代表《だいひょう》に！
中学生《ちゅうがくせい》でスペインのチームに入団《にゅうだん》
ニュース
最年少《さいねんしょう》でスペインリーグへ！
世界的《せかいてき》なスター選手《せんしゅ》になる
サインください
ワー
ワー
未来《みらい》がもう想像《そうぞう》できちゃうぜ
ユウキ選手《せんしゅ》！順風満帆《じゅんぷうまんぱん》な人生《じんせい》ですね！

将来《しょうらい》は世界的《せかいてき》なスターサッカー選手《せんしゅ》になって、「順《じゅん》風満帆《ぷうまんぱん》な人生《じんせい》ですね」と言《い》われるのが夢《ゆめ》だ。

使《つか》い方《かた》まんが 2 あこがれの人《ひと》

田中選手《たなかせんしゅ》って順風満帆《じゅんぷうまんぱん》に見《み》えたけど…
キャー
すてきー!!
!?
実《じつ》は苦労《くろう》ばっかりだったんだー
知《し》らなかったー
オレのサッカー

あこがれのサッカー選手《せんしゅ》が、順風満帆《じゅんぷうまんぱん》な人生《じんせい》かと思《おも》いきや、意外《いがい》と苦労《くろう》していることを知《し》って、おどろいた。

「順風《じゅんぷう》」は船《ふね》が進《すす》む方向《ほうこう》にふく風《かぜ》、すなわち追《お》い風《かぜ》のこと。「満帆《まんぱん》」は風《かぜ》を受《う》けるために、帆《ほ》をいっぱいにはること。追《お》い風《かぜ》を受《う》けると帆《ほ》はふくらみ、船《ふね》は心地《ここち》よく進《すす》みますね。そのようすに、ものごとがすべてうまく進《すす》むことを重《かさ》ねているのです。

ちなみに「順風《じゅんぷう》に帆《ほ》をあげる」という慣用句《かんようく》もあり、「順風満帆《じゅんぷうまんぱん》」と同《おな》じような意味《いみ》を表《あらわ》します。

似《に》た意味《いみ》のことば

とんとん拍子《びょうし》
ものごとが早《はや》く思《おも》うようにはかどるさま。

流《なが》れにさおさす
川底《かわぞこ》にさおをつきさして船《ふね》を進《すす》めるように、ものごとが順調《じゅんちょう》にはかどること。

反対《はんたい》の意味《いみ》のことば

波瀾万丈《はらんばんじょう》
人生《じんせい》のうきしずみがはげしく、劇的《げきてき》であるようす。

「満帆《まんぱん》」を「まんぽ」と読《よ》まないように、気《き》をつけよう

?クイズ!

風の字《じ》が入《はい》った慣用句《かんようく》「風《かぜ》を□□」。いきおいよく進《すす》むようすをいうよ。□に入《はい》るのはどちら?

A《エイ》 割《わ》る

B《ビー》 切《き》る

答《こた》えは123ページ

期待《きたい》の新人《しんじん》があらわれた！

そんなときに言《い》いたい！

新《しん》進《しん》気《き》鋭《えい》

使《つか》い方《かた》まんが　新人教師《しんじんきょうし》

今日《きょう》からぼくといっしょに
最高《さいこう》の思《おも》い出《で》を作《つく》ろう！
わが校《こう》に新進気鋭《しんしんきえい》の新人教師《しんじんきょうし》が来《き》た…
期待してるわよ…

わたしの学校《がっこう》に、新進気鋭《しんしんきえい》の新《あたら》しい先生《せんせい》がやってきた。授業《じゅぎょう》を受《う》けるのが楽《たの》しみだ。

意《い》味《み》

新《あら》たにあらわれた、能力《のうりょく》の高《たか》い、気合《きあい》が入《はい》った人《ひと》のこと。

「新進《しんしん》」は新《あたら》しくその場《ば》に加《くわ》わること、新《あたら》しく仲間入《なかまい》りすること。「気鋭《きえい》」は、意気《いき》ごみがさかんなこと。ある分野《ぶんや》に入《はい》ってきた、いきおいがあり、将来《しょうらい》の活躍《かつやく》が期待《きたい》される新人《しんじん》をさすことばです。「進新《しんしん》」と書《か》くのはあやまりなので、注意《ちゅうい》しましょう。

気の字《じ》が出《で》てくることば

意気投合《いきとうごう》
↓48ページ

才気煥発《さいきかんぱつ》
↓53ページ

の～んびり

そんなときに言《い》いたい！

晴《せい》耕《こう》雨《う》読《どく》

意味《いみ》

さわがしい世界《せかい》をはなれて、心《こころ》おだやかにくらすこと。

「晴耕《せいこう》」とは晴《は》れた日《ひ》に田畑《たはた》をたがやすこと。「雨読《うどく》」とは雨《あめ》の日《ひ》に家《いえ》で読書《どくしょ》をすること。そんなふうに、自然《しぜん》の中《なか》でのんびりと、何《なに》にもしばられずにすごすという意味《いみ》です。年《とし》をとってからの静《しず》かなくらしのことを指《さ》して、「晴耕雨読《せいこううどく》の余生《よせい》を送《おく》る」のように言《い》うこともあります。

似《に》た意味《いみ》のことば

悠々自適《ゆうゆうじてき》

のんびりと、心《こころ》しずかにすごすこと。

使《つか》い方《かた》まんが　田舎《いなか》のおじいちゃんとの日々《ひび》

おじいちゃんの家《いえ》に行《い》くと…
晴《は》れの日《ひ》は畑仕事《はたけしごと》を手伝《てつだ》って
雨《あめ》の日《ひ》はみんなで読書《どくしょ》
のんびりできて楽《たの》しいんだ～
晴耕雨読《せいこううどく》、いいわね～

友《とも》だちはおじいちゃんの家《いえ》に行《い》くと、晴《は》れの日《ひ》は畑《はたけ》仕事《しごと》を手伝《てつだ》い、雨《あめ》の日《ひ》は読書《どくしょ》をしているらしい。晴耕雨読《せいこううどく》でいいなと思《おも》った。

こんなことはじめて!

そんなときに言《い》いたい!

前《ぜん》代《だい》未《み》聞《もん》

意《い》味《み》

今《いま》までだれも聞《き》いたことがないようなめずらしいこと。また、たいへんな出来事《できごと》。

使《つか》い方《かた》まんが 1 朝《あさ》、登校《とうこう》したら…

ザワ
ザワ
ザワ
ザワ
ザワ
みんなどうしたの?
全《ぜん》クラスの先生《せんせい》がインフルエンザで休《やす》みだって
先生《せんせい》が全員休《ぜんいんやす》むなんて、前代未聞《ぜんだいみもん》だ

ある日《ひ》、登校《とうこう》したら、全《ぜん》クラスの先生《せんせい》が、インフルエンザにかかって休《やす》みだった。先生《せんせい》が全員《ぜんいん》来《こ》ないなんて、前代未聞《ぜんだいみもん》の出来事《できごと》だ。

使《つか》い方《かた》まんが 2 びっくりな事《じ》件《けん》

山本《やまもと》さんの家《いえ》におし入《い》ったどろぼうは
この家《いえ》のかい犬《いぬ》のポチに飛《と》びげりされ気絶《きぜつ》
けいさつにたいほされました
前代未聞《ぜんだいみもん》のニュースだね

どろぼうが、ぬすみに入《はい》った家《いえ》のかい犬《いぬ》に飛《と》びげりされ、気絶《きぜつ》してたいほされたという、前代未聞《ぜんだいみもん》のニュースが流《なが》れた。

「前代《ぜんだい》」は今《いま》よりも前《まえ》の時代《じだい》、「未聞《みもん》」は、まだ聞《き》いたことがないという意味《いみ》です。昔《むかし》からは考《かんが》えられないような、また、今《いま》までに聞《き》いたことがないようなことを表《あらわ》します。

びっくりするようなめずらしい出来事《できごと》や、たいへんなことが起《お》こったときに使《つか》います。よいことより、どちらかというと悪《わる》いニュースや、あきれるような出来《でき》事《ごと》に使《つか》うことが多《おお》いことばです。

似《に》た意味《いみ》のことば

空前絶後《くうぜんぜつご》

これまでに一度《いちど》もなく、今後《こんご》もありえないようなこと。→2巻《かん》38ページ

未曾有《みぞう》

これまでに一度《いちど》もなかったようなめずらしい事態《じたい》。

反対《はんたい》の意味《いみ》のことば

日常茶飯《にちじょうさはん》

ありふれた平《へい》ぼんなものごとのたとえ。

「ぜんだいみぶん」と読《よ》まないように、注意《ちゅうい》しよう

?クイズ!

未の字《じ》が入《はい》った四字熟語《よじじゅくご》。今《いま》までにだれも達《たっ》したり、なしとげたりしていないという意味《いみ》だよ。□に入《はい》ることばは？

□□未到《みとう》（漢字《かんじ》で）

答《こた》えは123ページ

日進月歩《にっしんげっぽ》

使《つか》い方《かた》まんが　ロボットに乗《の》りたい！

「ロボット開発《かいはつ》は日進月歩《にっしんげっぽ》で進《すす》んでいる」というニュースを見《み》た。いつかロボットに乗《の》って空《そら》を飛《と》んでみたいと、夢《ゆめ》がふくらむ。

意味《いみ》

止《と》まることなく、次々《つぎつぎ》に進歩《しんぽ》をつづけること。

「進歩《しんぽ》」というひとつのことばを「日《ひ》」と「月《つき》」に組《く》み合《あ》わせて、たえまなく進《すす》んでいくことを表《あらわ》しています。「日《ひ》ごと月《つき》ごとに（たえまなく）進《しん》歩《ぽ》する」ということですね。「進歩《しんぽ》」というからには、悪《わる》くなっていくことには使《つか》えません。学問《がくもん》やぎじゅつの発展《はってん》についても使《つか》われます。

反対《はんたい》の意味《いみ》のことば

旧態依然《きゅうたいいぜん》

昔《むかし》のままで、少《すこ》しも進歩《しんぽ》や発展《はってん》がないさま。

信じてもいいの!?

そんなときに言いたい!

使《つか》い方《かた》まんが　ぜったい当《あ》たる占《うらな》い!?

占《うらな》い
占《うらな》い
100%当《あ》たる
絶《ぜっ》対《たい》当《あ》たる!!
本当《ほんとう》に当《あ》たるのかな…
半信半疑《はんしんはんぎ》だけど行《い》ってみよう

かならず当《あ》たるという占《うらな》いの店《みせ》がある。半信半疑《はんしんはんぎ》だが、ひょうばんがいいので入《はい》ってみることにした。

半《はん》信《しん》半《はん》疑《ぎ》

意《い》味《み》

うそか本当《ほんとう》かわからず、どうすればいいかまようこと。

「半信《はんしん》」は半分信《はんぶんしん》じる、「半疑《はんぎ》」は半分《はんぶん》うたがうことで、反対《はんたい》の意味《いみ》を組《く》み合《あ》わせたことばです。うそか本当《ほんとう》か、自分《じぶん》ではたしかめる方法《ほうほう》がなく、信《しん》じたいけれど、本当《ほんとう》に信《しん》じていいのだろうかと気持《きも》ちがゆれ動《うご》くさまを表現《ひょうげん》しています。「半心《はんしん》」や「半真《はんしん》」と書《か》かないようにしましょう。

半の字《じ》が出《で》てくることば

中途半端《ちゅうとはんぱ》
ものごとがかんせいしていないようす。

わかるかな？

虫《む》食《く》いクイズにちょうせん！

ヒントを参考《さんこう》にして、何《なん》の四字熟語《よじじゅくご》か答《こた》えてね。

答《こた》えは124ページ

1 突《とつ》猛《もう》進《しん》

ヒント 十二支《じゅうにし》のなかにいる動物《どうぶつ》だよ

2 八《はっ》方《ぽう》

ヒント きれいな人《ひと》のことを何《なん》という？

3 油《ゆ》断《だん》大《たい》

ヒント 味方《みかた》の反対《はんたい》は？

4 大《だい》同《どう》異《い》

ヒント 「大《だい》」の反対《はんたい》のことばが入《はい》るよ

やだわー
虫《むし》にくわれてる

5

直《ちょく》入《にゅう》

ヒント
武士《ぶし》が、こしにさしているものは？

6

危《き》機《き》

ヒント
あきっぽいという意味《いみ》だよ

7

日《か》坊《ぼう》

ヒント
髪《かみ》の毛《け》一本《いっぽん》のことだよ

ヒント
同《おな》じ漢字《かんじ》が入《はい》るよ

8

信《しん》

疑《ぎ》

9

差《さ》

別《べつ》

ヒント
それぞれ大《おお》きい数《かず》が入《はい》るよ

かってに！

四《よ》字《じ》熟《じゅく》語《ご》ランキング

ハンナとソウスケが、かってに四《よ》字《じ》熟《じゅく》語《ご》をランキング！さっそくけっかを見《み》てみよう。

つい食《た》べすぎちゃうハンナが選《えら》んだ

よく言《い》われる 四《よ》字《じ》熟《じゅく》語《ご》ベスト3

1 自《じ》業《ごう》自《じ》得《とく》 30ページ

つい調子《ちょうし》にのって食《た》べすぎちゃって……。おなかをこわしたり、動《うご》けなくなったりしたときに、よく言《い》われるんだよね～。

2 猪《ちょ》突《とつ》猛《もう》進《しん》 16ページ

3 無《む》我《が》夢《む》中《ちゅう》 18ページ

プログラマーを目《め》ざすソウスケが選《えら》んだ

あこがれの 四《よ》字《じ》熟《じゅく》語《ご》ベスト3

1 奇《き》想《そう》天《てん》外《がい》 52ページ

だれも思《おも》いつかないようなアイデアで、みんなをあっとおどろかせるようなロボットを作《つく》るのが夢《ゆめ》だよ。

2 才《さい》気《き》煥《かん》発《ぱつ》 53ページ

3 順《じゅん》風《ぷう》満《まん》帆《ぱん》 78ページ

5 数《すう》字《じ》が入《はい》った四《よ》字《じ》熟《じゅく》語《ご》

一《いち》、十《じゅう》、百《ひゃく》、千《せん》……

四字熟語《よじじゅくご》には、数字《すうじ》が入《はい》るものがたくさん！それぞれの数字《すうじ》が何《なに》を表《あらわ》しているか、注目《ちゅうもく》してみよう。

出《で》会《あ》いはきせき！

そんなときに言《い》いたい！

一《いち》期《ご》一《いち》会《え》

意《い》味《み》

一生《いっしょう》に一度《いちど》しかない出会《であ》いのこと。

使《つか》い方《かた》まんが 1 公園《こうえん》での出会《であ》い

公園《こうえん》でぐうぜん出会《であ》った子《こ》と友《とも》だちになった。一期《いちご》一会《いちえ》の出会《であ》いを大切《たいせつ》にしたい。

使《つか》い方《かた》まんが 2 フリーマーケット

フリーマーケットで、すてきな手作《てづく》りT《ティー》シャツを見《み》つけた。これも一期一会《いちごいちえ》の出会《であ》いだと思《おも》い、すかさず購入《こうにゅう》した。

「一期《いちご》」は、仏教《ぶっきょう》のことばで人《ひと》が生《う》まれてから死《し》ぬまでの間《あいだ》のことをいいます。「一会《いちえ》」は、たった一度《いちど》の出会《であ》いのこと。出会《であ》えたことをよろこび、感謝《かんしゃ》して、そのひとときを大切《たいせつ》にしようという教《おし》えです。

この四字熟語《よじじゅくご》は、茶道《さどう》の心得《こころえ》に由来《ゆらい》しています。お茶《ちゃ》をふるまう茶人《ちゃじん》はいつも、今日《きょう》のお茶席《ちゃせき》は一生《いっしょう》に一度《いちど》のことだと思《おも》い、目《め》の前《まえ》のお客様《きゃくさま》に誠意《せいい》をつくし、心《こころ》をこめるべきという心得《こころえ》です。これがしだいに茶道《さどう》の世界《せかい》だけでなく、人《ひと》と人《ひと》との出会《であ》いの大切《たいせつ》さを表《あらわ》すことばとして使《つか》われるようになりました。

また、人《ひと》と人《ひと》との出会《であ》いだけでなく、洋服《ようふく》や本《ほん》などのものや、食《た》べものや景色《けしき》などに対《たい》しても使《つか》うことができます。

似《に》た意味《いみ》のことば

千載一遇《せんざいいちぐう》

千年《せんねん》に一度《いちど》しかめぐりあえないような、よい機会《きかい》のこと。

一の字《じ》が出《で》てくることば

一喜一憂《いっきいちゆう》
→93ページ

一朝一夕《いっちょういっせき》
→98ページ

一長一短《いっちょういったん》
→100ページ

クイズ！

出会《であ》いにかんすることわざ。出会《であ》えば、いつかわかれがくるという意味《いみ》だよ。□に入《はい》ることばは？

会《あ》うはわかれの□□□（ひらがなで）

答《こた》えは123ページ

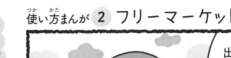

春《はる》が来《き》た♪

そんなときに言《い》いたい！

一《いち》陽《よう》来《らい》復《ふく》

使《つか》い方《かた》まんが　つくし

近《ちか》ごろあたたかくなってきた気《き》がするわ
あら、こんなところにつくしが…
一陽来復《いちようらいふく》の春《はる》が来《く》るわねー

おつかいの帰《かえ》り道《みち》、野原《のはら》につくしがはえているのを見《み》つけた。一陽来復《いちようらいふく》の春《はる》がやってきたようだ。

意《い》味《み》

①冬至《とうじ》。冬《ふゆ》が終《お》わり春《はる》が来《く》ること。新年《しんねん》になること。

②悪《わる》いことのあとで、よい方向《ほうこう》に向《む》かうこと。

もとは昔《むかし》の中国《ちゅうごく》の占《うらな》いのことばで、陰《いん》（冬《ふゆ》）の気《き》が一番《いちばん》強《つよ》くなる冬至《とうじ》をさかいに、陽《よう》（春《はる》）になるということ。長《なが》い冬《ふゆ》が終《お》わり、春《はる》が来《く》ることを表《あらわ》しています。そのように、「悪《わる》いことのあとにはよいことがある」という、前向《まえむ》きなことばでもあります。

来の字《じ》が出《で》てくることば

好《こう》機《き》到《とう》来《らい》

すばらしい機会《きかい》がやってくること。

うれしかったり かなしかったり……

一《いっ》喜《き》一《いち》憂《ゆう》

意味《いみ》

状況《じょうきょう》が変化《へんか》するたびに、よろこんだり心配《しんぱい》したりすること。

「喜《き》」はよろこび、「憂《ゆう》」は不安《ふあん》やつらい気持《きも》ちを表《あらわ》します。状況《じょうきょう》の変化《へんか》などちょっとしたことで、よろこんだり、不安《ふあん》になったり、気持《きも》ちが行《い》ったり来《き》たりするという意味《いみ》です。また、「まわりの状況《じょうきょう》にふりまわされる」という意味《いみ》で使《つか》うこともあります。

使《つか》い方《かた》まんが 通知表《つうちひょう》

国語《こくご》はやったわ!!
算《さん》数《すう》は…しょぼ～ん
通知表《つうちひょう》の成績《せいせき》に一喜一憂《いっきいちゆう》しているな

友《とも》だちが終業式《しゅうぎょうしき》にわたされた通知表《つうちひょう》を見《み》てよろこんだり、悲《かな》しんだり、一喜一憂《いっきいちゆう》している。

反対《はんたい》の意味《いみ》のことば

泰《たい》然《ぜん》自《じ》若《じゃく》

落《お》ち着《つ》いていて、どんなことにも動《どう》じないさま。

全力《ぜんりょく》でがんばるぞ！

そんなときに言《い》いたい！

一《いっ》生《しょう》懸《けん》命《めい》

意《い》味《み》

本気《ほんき》になって、ものごとに全力《ぜんりょく》で取《と》り組《く》むこと。

使《つか》い方《かた》まんが 1 たたかうヒーロー

テレビ番組《ばんぐみ》で、ヒーローたちが人々《ひとびと》を守《まも》るために一生懸命《いっしょうけんめい》にたたかうすがたを見《み》て、感動《かんどう》した。

使《つか》い方《かた》まんが 2 運動会《うんどうかい》のごうかな賞品《しょうひん》

高級《こうきゅう》フルーツ食《た》べ放題《ほうだい》チケット
町内大運動会《ちょうないだいうんどうかい》
一生懸命《いっしょうけんめい》走《はし》って1位《い》の賞品《しょうひん》をもらうわよ！

町《まち》の運動会《うんどうかい》の徒競走《ときょうそう》の1位《い》の賞品《しょうひん》は、高級《こうきゅう》フルーツ食《た》べ放題《ほうだい》チケット。わたしは1位目《いめ》ざして一生懸命《いっしょうけんめい》に走《はし》った。

ひとつのことに向《む》かって、力《ちから》をつくして必死《ひっし》になってがんばっているときに使《つか》うことばです。「一生《いっしょう》」は生《う》まれてから死《し》ぬまでの人生《じんせい》のこと。「懸命《けんめい》」には命《いのち》をかけるという意味《いみ》があります。

もともとは、「一所懸命《いっしょけんめい》」という四字《よじ》熟語《じゅくご》が先《さき》にありました。その昔《むかし》、武士《ぶし》は主君《しゅくん》からもらったひとつの土地《とち》（一所《いっしょ》）を命《いのち》がけで守《まも》り、それを生活《せいかつ》のたよりにしてくらしました。その土地《とち》のことを「一所懸命《いっしょけんめい》の地《ち》」と言《い》ったことからできたことばです。のちに、一所《いっしょ》を「いっしょう」とのばして言《い》うようになったことで「一生懸命《いっしょうけんめい》」ということばがうまれ、今《いま》では「一生懸命《いっしょうけんめい》」のほうがよく使《つか》われるようになりました。どちらも「本気《ほんき》でがんばる」という同《おな》じ意味《いみ》で使《つか》えます。

似《に》た意味《いみ》のことば

無我夢中《むがむちゅう》
→18ページ

粉骨砕身《ふんこつさいしん》
力《ちから》のかぎり努力《どりょく》すること。

一心不乱《いっしんふらん》
ひとつのことに集中《しゅうちゅう》して、他《ほか》のことに心《こころ》がうばわれないこと。

？クイズ！

命の字《じ》が入《はい》った四字熟語《よじじゅくご》「□□絶命《ぜつめい》」。どうすることもできない、困難《こんなん》な状況《じょうきょう》にあるという意味《いみ》だよ。□に入《はい》ることばはどちら？

A《エイ》 絶体《ぜったい》

B《ビー》 絶頂《ぜっちょう》

答《こた》えは123ページ

ラッキー！

そんなときに言《い》いたい！

一《いっ》石《せき》二《に》鳥《ちょう》

意《い》味《み》

ひとつの行《おこな》いで
ふたつのとくをすること。

使《つか》い方《かた》まんが 1 歩《ある》いてみたら…

ブーン
いつもはバスに乗《の》るけど、今日《きょう》は歩《ある》いていこーっと
てく
てく
ふだん歩《ある》かない通《とお》りを歩《ある》くのもいいなあー
わあーここの景色《けしき》きれい！
バス代《だい》がういておこづかいにできたし
景色《けしき》がきれいな場所《ばしょ》も知《し》れたし、一石二鳥《いっせきにちょう》だな！
チャリ〜ン

いつもはバスに乗《の》って向《む》かう場所《ばしょ》に、歩《ある》いて行《い》ってみた。おかげできれいな景色《けしき》に出会《であ》え、バス代《だい》もせつやくできて、まさに一石二鳥《いっせきにちょう》だ。

使《つか》い方《かた》まんが 2 ハンナのイメチェン

イメチェンで髪《かみ》を切《き》った。短《みじか》い髪《かみ》はおしゃれだし、かわきも早《はや》くて一石二鳥《いっせきにちょう》だ。

石《いし》をひとつ投《な》げたら、二羽《にわ》の鳥《とり》を打《う》ち落《お》としたという意味《いみ》の、イギリスのことわざが由来《ゆらい》となっています。

ひとつの行為《こうい》で、ふたつの利益《りえき》（とく）を得《え》るという意味《いみ》です。ふつうは、ふたつのとくを得ようとしたら、ふたつのことをしなくてはいけませんね。それなのに、一度《いちど》にふたつのとくが手《て》に入《はい》る幸運《こううん》をさします。今《いま》では、「一石三鳥《いっせきさんちょう》」「一石《いっせき》四鳥《よんちょう》」などと使《つか》われることもあります。

似《に》た意味《いみ》のことば

一挙両得《いっきょりょうとく》

ひとつの行動《こうどう》で、同時《どうじ》にふたつの利益《りえき》を得《え》ること。

反対《はんたい》の意味《いみ》のことば

二兎《にと》を追《お》うものは一兎《いっと》をも得《え》ず

ふたつのことを同時《どうじ》にやろうとするとどちらも成功《せいこう》しない。 ↓1巻《かん》98ページ

こんなふうにも使《つか》えるね!

【リサイクルのポスターに】

使《つか》わなくなったらリサイクル! ごみがへって、新《あたら》しい使《つか》い道《みち》ができて、**一石二鳥《いっせきにちょう》**!

クイズ!

外国《がいこく》のことわざがもとになったことわざ。時間《じかん》はお金《かね》のようにきちょうなものなので、むだづかいするなという意味《いみ》だよ。□に入《はい》ることばは?

時《とき》は□なり（漢字《かんじ》で）

答《こた》えは123ページ

そんなにすぐには……

一《いっ》朝《ちょう》一《いっ》夕《せき》

そんなときに言《い》いたい！

意《い》味《み》

とてもわずかな時間《じかん》、短《みじか》い期間《きかん》のたとえ。

使《つか》い方《かた》まんが 1 こわれたフィギュア

友《とも》だちの大切《たいせつ》なフィギュアをこわしてしまった。これを直《なお》すのは、一朝一夕《いっちょういっせき》にはいかなそうだ。

使《つか》い方《かた》まんが 2 パティシエへの道《みち》

このケーキ、デコレーションがすてき！
わたしにも作《つく》れるかな？
一朝一夕《いっちょういっせき》には無理《むり》だよ。
パティシエは長年修行《ながねんしゅぎょう》して、ようやく作《つく》れるようになったんだ

パティシエの作《つく》ったケーキを見《み》て、「わたしにも作《つく》れるかな？」と言《い》ったら、お父《とう》さんに「一朝一夕《いっちょういっせき》には無理《むり》だ」と言《い》われた。

「一朝《いっちょう》」は一日《いちにち》、「一夕《いっせき》」はひとばんのこと。どちらもとても短《みじか》い時間《じかん》、わずかな期間《きかん》という意味《いみ》です。「一朝《いっちょう》」と「一夕《いっせき》」、それぞれ単独《たんどく》で使《つか》うこともあることばを重《かさ》ねて、意味《いみ》を強《つよ》めています。

「一朝一夕《いっちょういっせき》にはできない」のように、下《した》に打《う》ち消《け》すことばを入《い》れて、「わずかな時間《じかん》ではできない」という否定的《ひていてき》な意味《いみ》でよく使《つか》われます。中国《ちゅうごく》の古《ふる》い書物《しょもつ》の中《なか》のことばに由来《ゆらい》しています。

似《に》た意味《いみ》のことば

一旦一夕《いったんいっせき》

とてもわずかな時間《じかん》、短《みじか》い期間《きかん》のたとえ。

一筋縄《ひとすじなわ》ではいかない

当《あ》たり前《まえ》の方法《ほうほう》ではうまくいかない。

朝の字《じ》が出《で》てくることば

朝三暮四《ちょうさんぼし》

目先《めさき》のちがいにとらわれてけっかが同《おな》じことに気《き》がつかないこと。また、ことばたくみに人《ひと》をだますこと。

↓2巻《かん》68ページ

こんなふうにも使《つか》えるね！

【みじゅくな自分《じぶん》をふりかえって】

プログラミングのぎじゅつは、**一朝一夕《いっちょういっせき》**に身《み》につくものではないなあ。

クイズ！

朝の字《じ》が入《はい》ったことば。とてもかんたんなことという意味《いみ》だよ。□に入《はい》る漢字《かんじ》は？

朝飯《あさめし》□

答《こた》えは123ページ

そんなときに言《い》いたい！

一《いっ》長《ちょう》一《いっ》短《たん》

使《つか》い方《かた》まんが　お母《かあ》さんのかみ

お母《かあ》さんの髪《かみ》は長《なが》くてきれいだとほめたら、「お手《て》入《い》れがたいへんだから一長一短《いっちょういったん》ね」と言《い》っていた。

意《い》味《み》

人《ひと》やものごとには、よい面《めん》も悪《わる》い面《めん》もあること。

「長《ちょう》」は長所《ちょうしょ》（よい点《てん》）、「短《たん》」は短所《たんしょ》（悪《わる》い点《てん》）を指《さ》しています。人《ひと》やものごとにはよい面《めん》と悪《わる》い面《めん》があるように、何《なに》ごとも完全《かんぜん》ではないことを表《あらわ》すことばです。ふたつのものにそれぞれ正反対《せいはんたい》のとくちょうがあるときや、どちらもすてがたく、選《えら》べないときに使《つか》うのもいいですね。

似《に》た意味《いみ》のことば

一得一失《いっとくいっしつ》

一方《いっぽう》で得《とく》する面《めん》があれば、一方《いっぽう》でそんする面《めん》があること。

傍目八目《おかめはちもく》

使《つか》い方《かた》まんが　オセロの対局中《たいきょくちゅう》

傍目八目《おかめはちもく》というけど、アドバイスしてあげようか？
ちょっと待《ま》って！

友《とも》だちとオセロをしていたら、そばで見《み》ていたもうひとりの友《とも》だちが、「傍目八目《おかめはちもく》というけど」と、アドバイスをしようとしてきた。

意味《いみ》

本人《ほんにん》よりも他人《たにん》のほうがものごとをれいせいにはんだんできるということ。

「傍目《おかめ》」は、わきから見《み》ること、「八目《はちもく》」の「目《もく》」は、囲碁《いご》で、囲《かこ》い取《と》った広《ひろ》さの単位《たんい》。囲碁《いご》を打《う》っている人《ひと》よりも、それをそばで見《み》ている人《ひと》のほうが、全体《ぜんたい》をよく見《み》わたせて、八目《はちもく》もとくする手《て》を見《み》つけることができる、ということからできたことばです。「岡目八目《おかめはらもく》」と書《か》くこともあります。

八の字《じ》が出《で》てくることば

八方美人《はっぽうびじん》
→34ページ

四苦八苦《しくはっく》
→105ページ

あぶない！

そんなときに言《い》いたい！

危《き》機《き》一《いっ》髪《ぱつ》

意《い》味《み》

ひとつまちがえばたいへんなことになりそうな、とてもきけんな状態《じょうたい》。

使《つか》い方《かた》まんが 1 ドッジボール中《ちゅう》に…

キャ
わっ
キャ
それっ
あっ!! あぶない！
えーいっ
シュッ
ビョン
ホッ
ヒョイ
カキ
カキ
プログラミングの問題《もんだい》がとけたぞ！
危《き》機《き》一《いっ》髪《ぱつ》

ドッジボール中《ちゅう》、コートの外《そと》を歩《ある》いている友《とも》だちのほうに、ボールがとんでいってしまった。でも、友《とも》だちがしゃがんだので、危《き》機《き》一《いっ》髪《ぱつ》、当《あ》たらなかった。

使《つか》い方《かた》まんが 2 あわや大事故《だいじこ》！

お父《とう》さんの危機一髪《ききいっぱつ》な出来事《できごと》って何《なに》？
子《こ》どものころ…。まさに危機一髪《ききいっぱつ》だったよ
助《たす》かってよかったね

お父《とう》さんは、子《こ》どものころ２階《かい》から落《お》ちたことがあるらしい。ボーボーの雑草《ざっそう》のおかげでけがもなく助《たす》かったようだが、まさに危機一髪《ききいっぱつ》というやつだ。

「危機《きき》」はひじょうにあぶない状態《じょうたい》、「一髪《いっぱつ》」は一本《いっぽん》のかみの毛《け》のこと。かみの毛《け》一本《いっぽん》ほどのわずかなちがいで、きけんや困難《こんなん》におちいりかねないという、ぎりぎりの状況《じょうきょう》を表《あらわ》します。

「危機一髪《ききいっぱつ》で助《たす》かった」などのように、ピンチをなんとかさけることができたときに使《つか》うことばです。

似《に》た意味《いみ》のことば

一触即発《いっしょくそくはつ》
ちょっとしたきっかけで、たいへんなことが起《お》こりそうなようす。

間一髪《かんいっぱつ》
事態《じたい》がきわめてさしせまっているようす。

髪の字《じ》が出《で》てくることば

間髪《かんはつ》をいれず
少《すこ》しの時間《じかん》もおかないこと。また、事態《じたい》がせまっていること。→２巻《かん》78ページ

怒髪天《どはつてん》を衝《つ》く
はげしくおこっているようす。

「危機《きき》一髪《いっぱつ》」を「危機《きき》一発《いっぱつ》」とまちがえないようにね

？クイズ！

危の字《じ》が入《はい》ったことわざ。きけんな手段《しゅだん》をとることをたとえた「危《あぶ》ない□をわたる」の□に入《はい》ることばはどれ？

A《エイ》 道《みち》

B《ビー》 橋《はし》

C《シー》 川《かわ》

答《こた》えは123ページ

五《ご》里《り》霧《む》中《ちゅう》

意《い》味《み》

ものごとの手《て》がかりがつかめず、どうしたらよいかわからないこと。

「五里霧中《ごりむちゅう》」とは、五里四方《ごりしほう》にわたって立《た》ちこめる霧《きり》の中《なか》にいるかのように、先《さき》が見《み》えずにこまっている状況《じょうきょう》にあるということです。

このことばは、中国《ちゅうごく》の古《ふる》い書物《しょもつ》の中《なか》にある、ある人《ひと》が霧《きり》を起《お》こすじゅつを使《つか》うことができ、その霧《きり》ですがたをくらましたという話《はなし》に由来《ゆらい》します。

使《つか》い方《かた》まんが　休《やす》んでいる間《あいだ》に…

かぜで1週間学校《しゅうかんがっこう》を休《やす》んだから
授業《じゅぎょう》の内容《ないよう》がわからない!今《いま》どこー!
五里霧中《ごりむちゅう》のようね。わたしのノートをかすわ
ありがとう!

かぜで1週間学校《しゅうかんがっこう》を休《やす》んだら、授業《じゅぎょう》の内容《ないよう》がわからなくなった。すると、友《とも》だちが「五里霧中《ごりむちゅう》のようね」と言《い》ってノートをかしてくれた。

似《に》た意味《いみ》のことば

暗中模索《あんちゅうもさく》
↓66ページ

四苦八苦《しくはっく》

使《つか》い方《かた》まんが　ソウスケの発明《はつめい》

プログラミングの進《すす》め方《かた》がわからず、何時間《なんじかん》も四苦八苦《しくはっく》したが、なんとかうまくいった。

意《い》味《み》

思《おも》い通《どお》りにいかず、とても苦《くる》しい思《おも》いをすること。

もとは、人間《にんげん》が感《かん》じるあらゆる苦《くる》しみを表《あらわ》す仏教《ぶっきょう》のことばです。「四苦《しく》」は、「生《しょう》」「老《ろう》」「病《びょう》」「死《し》」の苦《くる》しみ。「八苦《はっく》」は「四苦《しく》」に、「愛《あい》する人《ひと》との別《わか》れ」「にくい者《もの》との出会《であ》い」「ほしいものが手《て》に入《はい》らない」「よくをおさえられない」という苦《くる》しみを加《くわ》えたもの。思《おも》い通《どお》りにいかず、苦《くる》しい気持《きも》ちを表《あらわ》しています。

似《に》た意味《いみ》のことば

悪戦苦闘《あくせんくとう》
↓10ページ

い、いたいよ〜

そんなときに言《い》いたい！

七《しち》転《てん》八《ばっ》倒《とう》

使《つか》い方《かた》まんが　お父《とう》さんとサッカー対決《たいけつ》

ユウキ、今日《きょう》はお父《とう》さんとサッカー対決《たいけつ》だ！
お父《とう》さん運動《うんどう》オンチじゃない…
グキッ
…
も〜やっぱり
いたたたた
七転八倒《しちてんばっとう》

運動《うんどう》が苦手《にがて》なお父《とう》さんがサッカー対決《たいけつ》をしようと言《い》った。思《おも》った通《とお》り、さっそく足《あし》をひねって、七転《しちてん》八倒《ばっとう》している。

意《い》味《み》

大《おお》きないたみや苦《くる》しさに転《ころ》げまわったり、もがいたりすること。

七回《ななかい》も転《ころ》んだり八回《はちかい》も倒《たお》れたりするように、はげしい苦《くる》しみやいたみで、転《ころ》げまわるようすを表《あらわ》すことばです。「七《なな》」と「八《はち》」は数《かず》が多《おお》いことのたとえ。「しってんばっとう」「しちてんはっとう」とも読《よ》みます。

七《なな》の出《で》てくることば

七転《ななころ》び八起《やお》き
何度《なんど》しっぱいしてもくじけず、立《た》ち上《あ》がってがんばろうとすること。→1巻《かん》24ページ

朝起《あさお》きは七《なな》つのとくあり
朝《あさ》、早起《はやお》きをすると、いろいろなよいことがある。

十《じゅう》人《にん》十《と》色《いろ》

使《つか》い方《かた》まんが 楽《たの》しいクラス

サッカー少年
小説ずき
ロボットはかせ
グルメ
昆虫ハンター
ゲーマー
アニメずき
イラスト上手
電車マニア
お笑いずき
十人十色《じゅうにんといろ》。みんなちがって楽《たの》しいクラスだ

クラスのみんなは、すきなものやとくいなものがバラバラ。十人十色《じゅうにんといろ》で楽《たの》しいクラスだ。

意《い》味《み》

このみや考《かんが》え方《かた》などは人《ひと》によってちがうこと。

「色《いろ》」はその人《ひと》の考《かんが》えや顔《かお》つきなどのことです。十人《じゅうにん》いたら十人《じゅうにん》とも考《かんが》えや顔《かお》つきがちがうということから、人《ひと》にはそれぞれこせいがあり、性格《せいかく》もこのみもちがっているということを表《あらわ》すことばになりました。

似《に》た意味《いみ》のことば

千《せん》差《さ》万《ばん》別《べつ》

→110ページ

たで食《く》う虫《むし》もすきずき

あえて、からい「たで」の葉《は》を食《た》べる虫《むし》もいるように、人《ひと》のこのみはさまざまだということ。

新《あら》たな気持《きも》ちでがんばる！

そんなときに言《い》いたい！

心《しん》機《き》一《いっ》転《てん》

意《い》味《み》

あることをきっかけに気持《きも》ちががらりとかわること。

使《つか》い方《かた》まんが 1 席《せき》がえ

今日《きょう》は席《せき》がえをします
みんな、クジを引《ひ》きましょう
ワ～
ワ～
あらやだ、一番前《いちばんまえ》だわ
わたし一番後《いちばんうし》ろ！
一番前《いちばんまえ》の席《せき》って何《なん》だか背《せ》すじがのびるわね
心機一転《しんきいってん》がんばりましょ！
ピシ!!
一方《いっぽう》ハンナは…
ガーン…
一番後《いちばんうし》ろだと、給食《きゅうしょく》のおかわりに行《い》きづらい！

席《せき》がえで一番前《いちばんまえ》の席《せき》になった。前《まえ》の席《せき》になると背《せ》すじがのびて、心機一転《しんきいってん》がんばろうという気持《きも》ちになった。

使《つか》い方《かた》まんが 2 やる気《き》スイッチオン!

今日《きょう》から
ユニフォームも
新《あたら》しくなったし
心機一転《しんきいってん》、
毎日朝練《まいにちあされん》
がんばるぞ!
続《つづ》かなそう

サッカークラブの新《あたら》しいユニフォームを着《き》た友《とも》だちが、「心機一転《しんきいってん》、毎日朝練《まいにちあされん》をがんばる」と言《い》っていた。本当《ほんとう》に毎日《まいにち》つづくのだろうか。

「心機《しんき》」は心《こころ》の動《うご》きや、気持《きも》ちのこと。「一転《いってん》」は、がらりとかわるということ。よいほうへ気持《きも》ちがかわるという意味《いみ》です。同《おな》じことをつづけているうちにたいくつに感《かん》じてしまったり、何《なに》かにしっぱいしてひどく落《お》ちこんでしまったりしたときなどに、あるきっかけで前向《まえむ》きな気分《きぶん》に切《き》りかわることをいいます。気持《きも》ちがよいほうにかわるときに使《つか》うことばで、悪《わる》いほうにかわるときには使《つか》いません。

似《に》た意味《いみ》のことば

気分一新《きぶんいっしん》
気持《きも》ちを新《あら》たにすること。

気分転換《きぶんてんかん》
新《あら》たな気持《きも》ちに気分《きぶん》を入《い》れかえること。

心《こころ》の字《じ》が出《で》てくることば

いわしの頭《あたま》も信心《しんじん》から
つまらないものでも、信《しん》じている人《ひと》にとってはありがたいものであること。→1巻《かん》90ページ

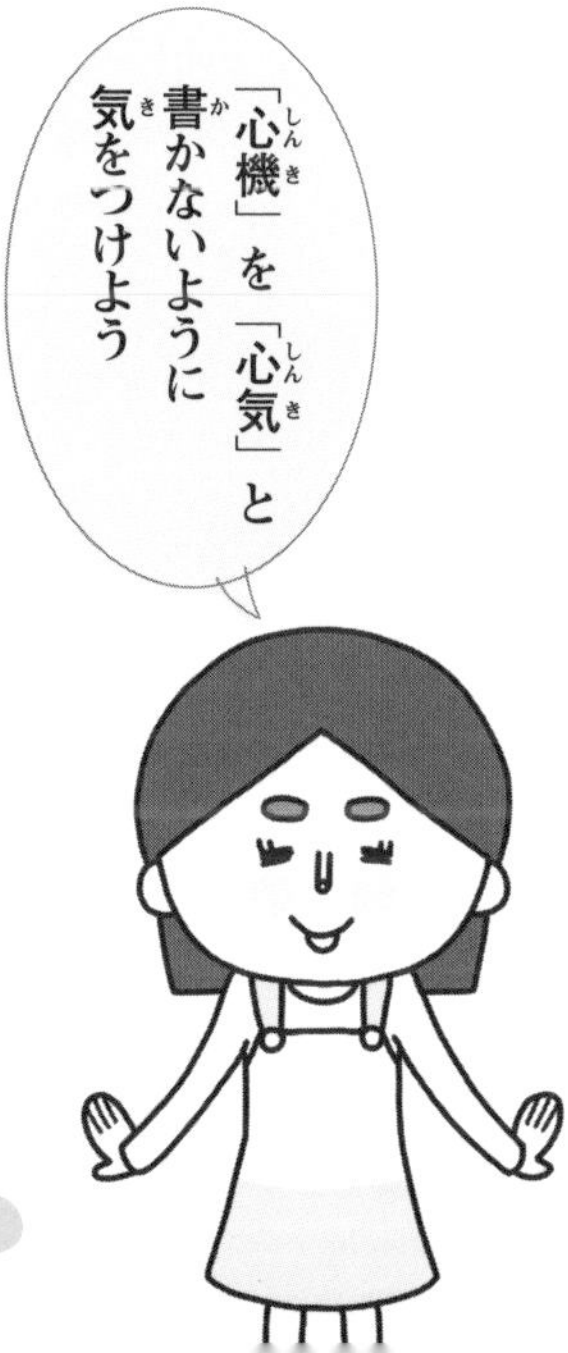
「心機《しんき》」を「心気《しんき》」と
書《か》かないように
気《き》をつけよう

クイズ!

気持《きも》ちにまつわる慣用句《かんようく》。うきうきすることを意味《いみ》することばだよ。正《ただ》しいのはどちら?

A《エイ》 心《こころ》がおどる

B《ビー》 心《こころ》がさわぐ

答《こた》えは123ページ

千《せん》差《さ》万《ばん》別《べつ》

使《つか》い方《かた》まんが　きりんの絵《え》

クラスのみんなできりんを描《か》いたら、いろいろな絵《え》ができた。先生《せんせい》は「表現《ひょうげん》は千差万別《せんさばんべつ》。だからアートはおもしろい」とうれしそうだった。

意《い》味《み》

どんなものにもちがいがあり、ひとつとして同《おな》じものはないこと。

「千《せん》」「万《まん》」は数《かず》が多《おお》いことを、「差《さ》」「別《べつ》」は区《く》別《べつ》やちがいがあることを表《あらわ》します。どちらも同《おな》じ意《い》味《み》のことばを重《かさ》ねて強《つよ》めています。「せんしゃまんべつ」とも読《よ》みます。

似《に》た意《い》味《み》のことば

十人十色《じゅうにんといろ》→107ページ

多種多様《たしゅたよう》

種《しゅ》類《るい》が多《おお》く、さまざまであること。また、そのようなさま。

千の字《じ》が出《で》てくることば

海千山千《うみせんやません》→70ページ

千里《せんり》の道《みち》も一歩《いっぽ》から

どんな大《おお》きな計《けい》画《かく》も、はじめは手《て》近《ぢか》なことから始《はじ》まる。

ねらったら外さない！

そんなときに言《い》いたい！

百《ひゃっ》発《ぱつ》百《ひゃく》中《ちゅう》

使《つか》い方《かた》まんが　ハンナの予想《よそう》

芸能人《げいのうじん》のカップルがけっこんしたというニュースを見《み》た。わたしの予想《よそう》は百発百中《ひゃっぱつひゃくちゅう》なのだ。

意《い》味《み》

①玉《たま》や矢《や》が全《すべ》て当《あ》たること。
②予想《よそう》が全《すべ》て当《あ》たること。

「百発《ひゃっぱつ》」は玉《たま》や矢《や》を百回《ひゃっかい》放《はな》つこと。「百中《ひゃくちゅう》」は全《すべ》てが命中《めいちゅう》することをいいます。このことから、考《かんが》えた計画《けいかく》や予想《よそう》したことが全《すべ》て思《おも》い通《どお》りに進《すす》むことを表《あらわ》すようになりました。

百の字《じ》が出《で》てくることば

百聞《ひゃくぶん》は一見《いっけん》にしかず
人《ひと》の話《はなし》を何度《なんど》も聞《き》くより、一度《いちど》でも自分《じぶん》の目《め》で見《み》たほうがたしかである。
↓1巻《かん》32ページ

五十歩百歩《ごじっぽひゃっぽ》
たいしたちがいがなく、似《に》たようなものだということ。
↓2巻《かん》64ページ

もうやめちゃったの？

そんなときに言《い》いたい！

三《みっ》日《か》坊《ぼう》主《ず》

意《い》味《み》

とてもあきっぽくて、長《なが》くつづかないさま。また、そういう人《ひと》のこと。

使《つか》い方《かた》まんが 1 ダイエットのゆくえ

わたしのお母《かあ》さんはダイエットを始《はじ》めたが、どれもつづかず、三日坊主《みっかぼうず》で終《お》わった。

使《つか》い方《かた》まんが 2 サッカーだけは特別《とくべつ》!

ユウキって何才《なんさい》からサッカーやってるの?
5才《さい》からだよ!
何《なん》でも三日坊主《みっかぼうず》でやめちゃうけど、サッカーだけはあきないんだ〜
よっ♪
そうなんだ!

何《なん》でも三日坊主《みっかぼうず》でやめてしまう友《とも》だち。でも、サッカーだけはあきずにつづけられているそうだ。

似《に》た意味《いみ》のことば

へびげいこ

へびが冬眠《とうみん》から目《め》ざめるころに始《はじ》めて、土《つち》の中《なか》に入《はい》るころにはやめてしまうほど、習《なら》い事《ごと》などが長《なが》つづきしないこと。

三《さん》の字《じ》が出《で》てくることば

石《いし》の上《うえ》にも三年《さんねん》

がまん強《づよ》く努力《どりょく》すれば、かならずむくわれる。

→1巻《かん》10ページ

ここでいう「三日《みっか》」とは、正確《せいかく》な意味《いみ》での三日《みっか》ではありません。とても短《みじか》い期《き》間《かん》を三日《みっか》にたとえているのです。

「坊主《ぼうず》」はお坊《ぼう》さんのことですが、それとは関係《かんけい》なく、「やんちゃ坊主《ぼうず》」のように、親《した》しみやからかいの意味《いみ》をこめて使《つか》われることがあり、「三日坊主《みっかぼうず》」もそうです。また、お坊《ぼう》さんになってもきびしい修行《しゅぎょう》にたえられず、三日《みっか》ともたずにすぐにやめてしまう人《ひと》が多《おお》かったという話《はなし》が由来《ゆらい》という説《せつ》もあります。

目標《もくひょう》を達成《たっせい》するには、ある程度《ていど》の時間《じかん》とねばり強《づよ》さがいるもの。すぐに投《な》げ出《だ》してしまう人《ひと》がいたら、アドバイスとして使《つか》いましょう。また、短《みじか》い期間《きかん》であきてしまわないよう、自分《じぶん》へのいましめにしてもいいですね。

?クイズ!

「三日《みっか》」が入《はい》る四字熟語《よじじゅくご》「三日《みっか》□□」。地位《ちい》や権力《けんりょく》をたもてる時間《じかん》が短《みじか》いという意味《いみ》だよ。□に入《はい》るのはどちら?

A《エイ》 天下《てんか》

B《ビー》 支配《しはい》

答《こた》えは123ページ

世界《せかい》にひとつだけ

そんなときに言《い》いたい！

唯《ゆい》一《いっ》無《む》二《に》

意《い》味《み》

他《ほか》にかわりがなく、ただひとつしかないもの。

使《つか》い方《かた》まんが 1 きみは親友《しんゆう》！

あ、ユウキ!!
新《あたら》しいロボットのデザイン、考《かんが》えたんだけど、どう⁉
んー、なんかダサいし、どこかで見《み》たこともある感《かん》じ？
ビミョー
!!
ガーン
あ、ごめん。言《い》いすぎた！
なくなよ〜!!
ヴゥ…
正直《しょうじき》な感想《かんそう》をくれてうれしいよ！やっぱりきみは唯一無二《ゆいいつむに》の親友《しんゆう》だ！
ボク感動《かんどう》している!!
おー、それなら良《よ》かったよ
ブン
ブン
ブン

友《とも》だちがデザインしたロボットを見《み》て、正直《しょうじき》な感想《かんそう》をつたえたら、「きみは唯一無二《ゆいいつむに》の親友《しんゆう》だ」と感動《かんどう》された。

使《つか》い方《かた》まんが 2 おすすめの本《ほん》

ね～最近《さいきん》
おもしろい本《ほん》
あった？
あるわよ！
この作家《さっか》さんの本《ほん》は
唯一無二《ゆいいつむに》の世界観《せかいかん》で、
とてもおもしろいわ！
ストーリーは
もちろん…

友《とも》だちが、お気《き》に入《い》りの作家《さっか》さんの本《ほん》について「唯《ゆい》一無二《いつむに》の世界観《せかいかん》で、とてもおもしろい」とあつく紹《しょう》介《かい》してくれた。

「唯一《ゆいいつ》」はただひとつしかないこと、「無二《むに》」はふたつとないこと。どちらも「ひとつしかない」という意味《いみ》で、同《おな》じ意味《いみ》のことばを重《かさ》ねて強《つよ》めています。この世《よ》にたったひとつしかないものや、他《ほか》にかえのきかない大切《たいせつ》なものをほめるときに使《つか》います。また、「その人以外《ひといがい》いない」という意味《いみ》で、特別《とくべつ》なひょうかをされているスポーツ選手《せんしゅ》や有名人《ゆうめいじん》などをたたえるときに使《つか》うこともあります。

似《に》た意味《いみ》のことば

るいを見《み》ない

似《に》たようなもの、同《おな》じようなものが他《ほか》にはないこと。

無《む》の字《じ》が出《で》てくることば

無我夢中《むがむちゅう》

→18ページ

問答無用《もんどうむよう》

ぎろんや話《はな》し合《あ》いをしても意味《いみ》がないこと。

こんなふうにも使《つか》えるね！

【友《とも》だちの作品《さくひん》をほめるときに】

あなたの絵《え》、**唯一無二《ゆいいつむに》**のデザインですてきね！こんなセンス、見《み》たことがないわ！

？クイズ！

無《む》の字《じ》が入《はい》った四字熟語《よじじゅくご》「□□無尽《むじん》」。思《おも》いのまま、自由《じゆう》に行動《こうどう》するという意味《いみ》だよ。□に入《はい》るのはどちら？

A《エイ》 **左右《さゆう》**

B《ビー》 **縦横《じゅうおう》**

答《こた》えは123ページ

アクティビティ

四字熟語《よじじゅくご》四《よ》字《じ》集《あつ》めクイズ

四字熟語《よじじゅくご》を使《つか》ったゲームだよ。みんなでやってみよう！

どんなゲーム？

ひとりに一文字《ひともじ》ずつわりふられた漢字《かんじ》を組《く》み合《あ》わせて、四字熟語《よじじゅくご》をかんせいさせよう！

- 人数《にんずう》　ひとクラス（三十二《さんじゅうに》～四十人程度《よんじゅうにんていど》）
- かかる時間《じかん》　二十分《にじっぷん》くらい
- ひつようなもの
  - ・紙《かみ》・筆記用具《ひっきようぐ》（太《ふと》いペンがおすすめ）
  - ・むねに紙《かみ》をつけるためのテープなどがあるとよい

ゲームのやり方《かた》

1 ゲームに使《つか》う四字熟語《よじじゅくご》を選《えら》びます。三十二人《さんじゅうににん》のクラスなら八《やっ》つの四字熟語《よじじゅくご》を、四十人《よんじゅうにん》のクラスなら十《じっ》この四字熟語《よじじゅくご》を用意《ようい》しましょう。

2 四字熟語《よじじゅくご》を一文字《ひともじ》ずつ紙《かみ》に書《か》きます。まぜてから、うらがえしの状態《じょうたい》でみんなに一枚《いちまい》ずつ配《くば》ります。

例《れい》

有　言　実　行

3
漢字《かんじ》を書《か》いた紙《かみ》は、むねにつけたり、手《て》で頭《あたま》の上《うえ》にかかげたりして、クラスのみんなに見《み》えるようにします。

4
「よーいドン！」を合図《あいず》に、自分《じぶん》の持《も》っている漢字《かんじ》と組《く》み合《あ》わせて四字熟語《よじじゅくご》ができるメンバーをさがし、四人組《よにんぐみ》が作《つく》れたらクリアです。

ゲームに使《つか》う四字熟語《よじじゅくご》の例《れい》

急転直下
大同小異
三日坊主
用意周到
千差万別
単刀直入
有言実行
前代未聞
馬耳東風
油断大敵

もっと楽《たの》しく！

- グループ対抗戦《たいこうせん》もできます。そのときは、クラスをふたつ以上《いじょう》のグループに分《わ》けて、それぞれ同《おな》じ四字熟語《よじじゅくご》を用意《ようい》しましょう。先《さき》にすべての四字熟《よじじゅく》語《ご》をかんせいさせたグループが勝《か》ちです。
- 四字熟語《よじじゅくご》をかんせいさせたあとに、「せーの！」の合図《あいず》で、チーム全員《ぜんいん》で読《よ》み方《かた》を発表《はっぴょう》して、読《よ》み方《かた》が全員《ぜんいん》そろえばクリアというルールにするのもおすすめです。

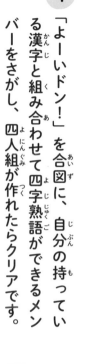

楽《たの》しくちょうせん！

1 四字熟語《よじじゅくご》ポスターを作《つく》ろう

この本《ほん》で学《まな》んだ四字熟語《よじじゅくご》を使《つか》って、ポスターを作《つく》ってみましょう。四文字《よんもじ》で表現《ひょうげん》できる四字熟語《よじじゅくご》は、ポスターにぴったり！

じゅんびするもの

- ノートやメモ　●えんぴつ
- ポスター用《よう》の画用紙《がようし》
- ペンや絵《え》の具《ぐ》、筆《ふで》など

すきな食《た》べものやお気《き》に入《い》りのグッズを紹介《しょうかい》するポスターも楽《たの》しそう！

どんなポスターにする？

ポスターのテーマを決《き》めよう

まずは、ポスターのテーマを考《かんが》えましょう。クラスや係《かかり》、友《とも》だちや家族《かぞく》をしょうかいしたり、運動会《うんどうかい》などの行事《ぎょうじ》のお知《し》らせ、リサイクルなど、みんなに伝《つた》えたいことをポスターにするのもよいですね。

ポスターのテーマの例《れい》

- 運動会《うんどうかい》などの行事案内《ぎょうじあんない》
- 友《とも》だちや家族《かぞく》、ペットのしょうかい
- クラブしょうかい
- 自分《じぶん》やクラスの目標《もくひょう》
- リサイクル、かんきょう問題《もんだい》
- ぼうさい
- 交通安全《こうつうあんぜん》
- 病気《びょうき》やけがの予防《よぼう》
- ルールやマナー

2

どの四字熟語《よじじゅくご》にする?

ポスターに使《つか》う四字熟語《よじじゅくご》を選《えら》ぼう

1で決《き》めたポスターのテーマに合《あ》わせて、ポスターに使《つか》う四字熟語《よじじゅくご》を選《えら》びましょう。選《えら》ぶときは、その四字熟《よじじゅく》語《ご》の意味《いみ》をきちんとかくにんして、ポスターの内容《ないよう》に合《あ》うものにします。

3

どんなふうに使《つか》う?

四《よ》字《じ》熟《じゅく》語《ご》を使《つか》ったキャッチコピーを考《かんが》えよう

使《つか》う四字熟語《よじじゅくご》が決《き》まったら、それを使《つか》ってキャッチコピーを考《かんが》えましょう。キャッチコピーとは、伝《つた》えたい内容《ないよう》をてきかくに表《あらわ》した短《みじか》いフレーズのことです。ポスターを見《み》た人《ひと》の心《こころ》にのこるような印象的《いんしょうてき》なキャッチコピーを考《かんが》えましょう。

いろいろなキャッチコピーのパターン

■**見《み》た人《ひと》に語《かた》りかける**

- それ、自業自得《じごうじとく》じゃない? ろうかを走《はし》るのはけがのもとだよ!
- 八方美人《はっぽうびじん》になっていませんか? 自分《じぶん》の意見《いけん》をもとう!
- また三日坊主《みっかぼうず》? じゃ口《ぐち》はすぐしめて!
- ごみは百発百中《ひゃっぱつひゃくちゅう》でごみ箱《ばこ》へ入《い》れよう。
- 十人十色《じゅうにんといろ》。こせいを大切《たいせつ》にしよう。

■**数字《すうじ》を入《い》れる**

- 油断大敵《ゆだんたいてき》! 地震《じしん》の20%は日本《にほん》で起《お》きている!
- 火事《かじ》は一日百件以上《いちにちひゃっけんいじょう》! 危機一髪《ききいっぱつ》になる前《まえ》から注意《ちゅうい》しよう!

どんなキャッチコピーにしようかな

4

どんなデザインにする？

ポスターのデザイン案《あん》を考《かんが》えよう

ポスターのテーマとキャッチコピーが決《き》まったら、いよいよポスターのデザインを考《かんが》えます。どこに文字《もじ》を入《い》れるか、どんな絵《え》にするか、文字《もじ》の大《おお》きさはどうするかなどをノートやメモなどにかきながら決《き》めていきましょう。ポスターには、選《えら》んだ四字熟語《よじじゅくご》の意味《いみ》も入《い》れるようにしましょう。

ポスターのデザインのポイント

ポスターは、一目《ひとめ》でその内容《ないよう》やメッセージが伝《つた》わることが大切《たいせつ》！

- 一番目立《いちばんめだ》たせるポイントを考《かんが》える。
- わかりやすく短《みじか》い文章《ぶんしょう》にする。
- 文字《もじ》は読《よ》みやすく、はっきりと。
- 絵《え》や図《ず》、グラフなどを入《い》れる。

デザイン案《あん》の例《れい》

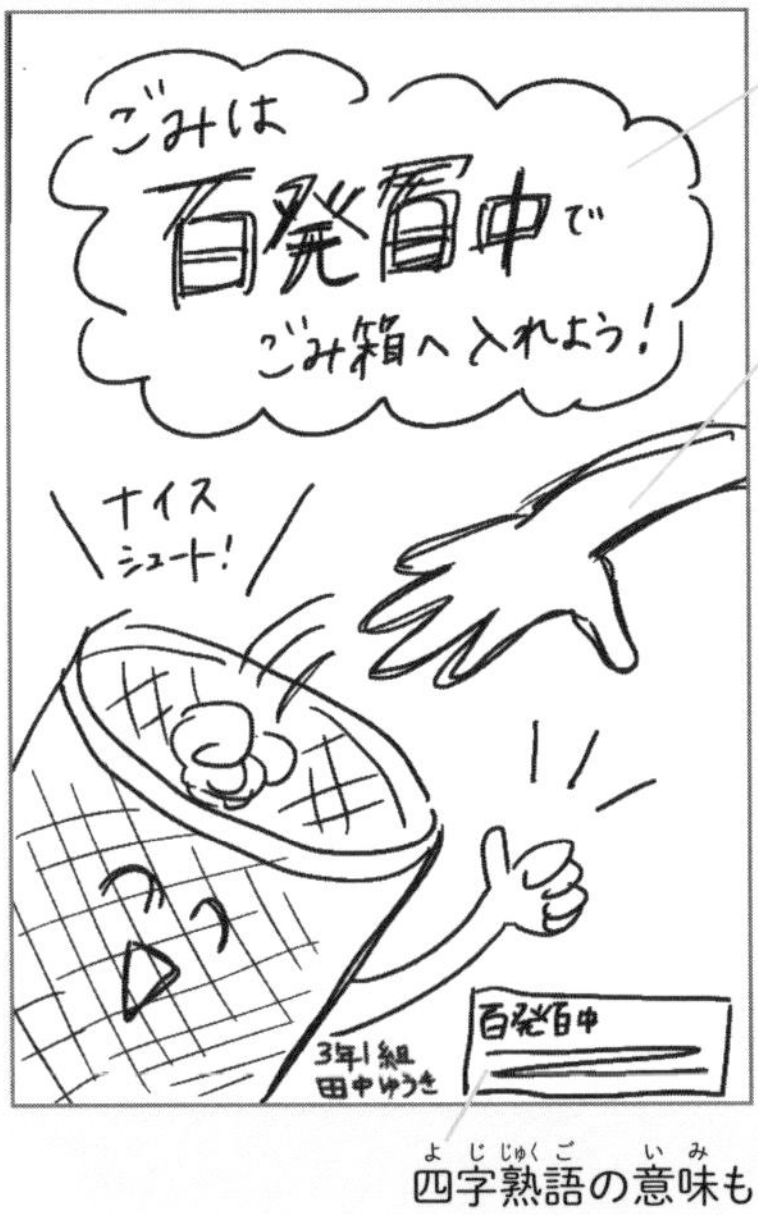
ごみは
百発百中で
ごみ箱へ入れよう！
ナイスシュート！
百発百中
3年1組
田中ゆうき

一番目立《いちばんめだ》たせたいキャッチコピーは、とくに大《おお》きく書《か》こう。

テーマがわかりやすい絵《え》などを入《い》れるといいよ。

四字熟語《よじじゅくご》の意味《いみ》も入《い》れよう。

文字《もじ》はたてがきにしてもいいよ！いろいろな見《み》せ方《かた》を考《かんが》えてみてね。

5 さあ本番《ほんばん》！ 画《が》用《よう》紙《し》にかこう

デザインが決《き》まったら、画《が》用《よう》紙《し》に実際《じっさい》にかいていきます。まずはえんぴつで下絵《したえ》をかいてから、絵《え》の具《ぐ》やペンで清書《せいしょ》していきましょう。四字熟語《よじじゅくご》の意味《いみ》は、この本《ほん》や国語辞典《こくごじてん》などで調《しら》べてから書《か》きましょう。また、おり紙《がみ》やぬのをはるなど、さまざまなそざいを使《つか》っても、すてきなポスターになるでしょう。パソコンやタブレットで作《つく》ってもよいですね。

できたポスターは教室《きょうしつ》などにはってみんなで感想《かんそう》を言《い》い合《あ》おう

デザインの例《れい》

文字《もじ》はふちどったり、かげをつけたりすると目立《めだ》ちやすくなるよ。

背景《はいけい》にも色《いろ》をぬると、印象《いんしょう》がかわるよ。

絵《え》のりんかくをふちどると、メリハリがつくよ。

ゴミは
百発百中で
ごみ箱へ入れよう
ナイスシュート!
[百発百中]
玉や矢が全て当たること
3年1組
田中ゆうた

クイズの答《こた》え

11ページ

善《ぜん》は急《いそ》げ ↓1巻《かん》22ページ

よいと思《おも》ったことはためらわずにやったほうがよい。

13ページ

えりを正《ただ》す ↓3巻《かん》12ページ

態度《たいど》をあらためてものごとをする。服《ふく》やしせいのみだれを正《ただ》しくする。

おり目《め》正《ただ》しい

態度《たいど》がきちんとしていて、礼儀正《れいぎただ》しいようす。

15ページ

A《エイ》 一《いち》目《もく》瞭然《りょうぜん》

ひと目見《めみ》ただけで、はっきりとわかるさま。

21ページ

ぶっつけ本番《ほんばん》

じゅんびや練習《れんしゅう》などをせず、いきなり本番《ほんばん》にいどむこと。

23ページ

A《エイ》 杓子《しゃくし》定規《じょうぎ》

融通《ゆうずう》がきかず、頭《あたま》がかたいこと。

29ページ

自由《じゆう》自《じ》在《ざい》

思《おも》う通《とお》りにものごとをするようす。

31ページ

自給自足《じきゅうじそく》

生活《せいかつ》にひつようなものを全《すべ》て自分《じぶん》で生産《せいさん》してまかなうこと。

33ページ

馬《うま》が合《あ》う ↓3巻《かん》100ページ

とくべつに相性《あいしょう》がいいことや、よく気《き》が合《あ》うこと。

35ページ

よわたり上手《じょうず》

世間《せけん》を上手《じょうず》にわたり、うまく切《き》りぬけていく人《ひと》のこと。

37ページ

地震《じしん》かみなり火事《かじ》親父《おやじ》

世《よ》の中《なか》でとくにおそろしいとされるものの順《じゅん》を表《あらわ》したことわざ。

39ページ

B《ビー》 転《ころ》ばぬ先《さき》のつえ ↓1巻《かん》20ページ

しっぱいにそなえて、あらかじめ手《て》を打《う》っておくこと。

41ページ

B《ビー》 即《そく》断《だん》即《そっ》決《けつ》

その場《ば》ですぐに決断《けつだん》をすること。

43ページ

敵《てき》に塩《しお》を送《おく》る ↓1巻《かん》110ページ

敵《てき》の弱《よわ》みにつけこまず、ぎゃくに苦《くる》しい状況《じょうきょう》からすくうこと。

49ページ

A《エイ》 意気《いき》消沈《しょうちん》

元気《げんき》をなくしてしょんぼりすること。

51ページ

目《め》は口《くち》ほどにものを言《い》う ↓1巻《かん》75ページ

口《くち》に出《だ》さなくても、目《め》つきから感情《かんじょう》は伝《つた》わるものだ。

55ページ

B《ビー》 青《せい》天《てん》白日《はくじつ》

よく晴《は》れた青空《あおぞら》と日《ひ》の光《ひかり》のように、心《こころ》にくもりがないことのたとえ。

59ページ

太刀《たち》うちできない

相手《あいて》のほうが力《ちから》が上《うえ》で、勝負《しょうぶ》にならないこと。

61ページ

もちはもち屋《や》 ↓1巻《かん》114ページ

何《なに》ごとも、せんもん家《か》が一番《いちばん》すぐれているので、まかせたほうがいいということ。

67ページ

灯《とう》台《だい》下暗《もとくら》し ↓1巻《かん》50ページ

自分《じぶん》の身《み》の回《まわ》りのことは意外《いがい》とわかりにくく、気《き》がつかないものだということ。

69ページ

A《エイ》 単《たん》純《じゅん》明快《めいかい》

ものごとがふくざつでなく、わかりやすいさま。

73ページ

B《ビー》 お鉢《はち》が回《まわ》る

順番《じゅんばん》が回《まわ》ってくること。人《ひと》の多《おお》い食事《しょくじ》のせきで、お鉢《はち》(飯《めし》びつ)がやっと自分《じぶん》に回《まわ》ってくることから。

75ページ

急《いそ》がば回《まわ》れ ↓1巻《かん》14ページ

急《いそ》ぐときこそ確実《かくじつ》なやり方《かた》をとったほうがうまくいく。

79ページ

B《ビー》 風《かぜ》を切《き》る

いきおいよく進《すす》むようす。

83ページ

前《ぜん》人《じん》未《み》到《とう》

今《いま》までにだれも達《たっ》したり、なしとげたりしていないということ。

91ページ

会《あ》うはわかれのはじめ

出会《であ》えば、いつかわかれがくるということ。

95ページ

A《エイ》 絶《ぜっ》体《たい》絶命《ぜつめい》

どうすることもできない、困難《こんなん》な状況《じょうきょう》にあるということ。追《お》いつめられて、せっぱつまったさま。

97ページ

時《とき》は金《かね》なり

時間《じかん》はお金《かね》のようにきちょうなものなので、むだづかいするなということ。

99ページ

朝飯《あさめし》前《まえ》

朝食《ちょうしょく》をとる前《まえ》のわずかな時間《じかん》でできるような、とてもかんたんなこと。

103ページ

B《ビー》 危《あぶ》ない橋《はし》をわたる

きけんな手段《しゅだん》をとることのたとえ。今《いま》にも落《お》ちそうなきけんな橋《はし》をわたるという意味《いみ》から。

109ページ

A《エイ》 心《こころ》がおどる ↓3巻《かん》36ページ

よろこびや期待《きたい》で楽《たの》しい気持《きも》ちになる。うきうきする。

113ページ

A《エイ》 三日《みっか》天《てん》下《か》

地位《ちい》や権力《けんりょく》をたもてる時間《じかん》が短《みじか》いことのたとえ。

115ページ

B《ビー》 縦《じゅう》横《おう》無尽《むじん》

思《おも》いのまま、自由《じゆう》に行動《こうどう》するさま。

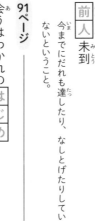

44～46ページ
四字熟語《よじじゅくご》線《せん》つなぎ

① 自画自賛《じがじさん》
② 不言実行《ふげんじっこう》
③ 無我夢中《むがむちゅう》
④ 用意周到《よういしゅうとう》
⑤ 優柔不断《ゆうじゅうふだん》
⑥ 異口同音《いくどうおん》
⑦ 意気投合《いきとうごう》

- ケーキかプリンか、どちらから食《た》べようかな？　決《き》められないよ……。
- ごはんを食《た》べるのもわすれて、ゲームに熱中《ねっちゅう》してしまった！
- 発表会《はっぴょうかい》の出《だ》し物《もの》は、クラスのだれもが「ももたろう」がいいと言《い》った。
- 明日《あした》は遠足《えんそく》。もし雨《あめ》がふってきてもいいようにレインコートを持っていこう。
- 油絵《あぶらえ》にはじめてちょうせんしたけれど、われながらきれいにかけた！
- はじめて会《あ》った友《とも》だちと、大《だい》すきなサッカーの話《はなし》でもり上《あ》がったよ。
- あの人《ひと》はいちいち口《くち》に出《だ》さず、コツコツとやるべきことをやるよね。

四字熟語《よじじゅくご》線《せん》つなぎ②

① 一朝一夕《いっちょういっせき》
② 四苦八苦《しくはっく》
③ 三日坊主《みっかぼうず》
④ 単刀直入《たんとうちょくにゅう》

- むずかしい問題《もんだい》がなかなかとけない……、何《なに》をやっても答《こた》えがわからない！
- 毎日《まいにち》、日記《にっき》を書《か》くと決《き》めたのに、もうあきちゃった〜。
- 前《まえ》おきなしで、いきなりズバッと言《い》われたよ。
- 一日《いちにち》勉強《べんきょう》しただけでは、テストで満点《まんてん》はとれないものだ。

62～64ページ
正《ただ》しい使《つか》い方《かた》はどっち？

起死回生《きしかいせい》／ア
七転八倒《しちてんばっとう》／イ
八方美人《はっぽうびじん》／ア
馬耳東風《ばじとうふう》／ア
海千山千《うみせんやません》／イ
危機一髪《ききいっぱつ》／ア

86・87ページ
虫《むし》食《く》いクイズにちょうせん！

① 猪《ちょ》突猛進《とつもうしん》
② 八方《はっぽう》美人《びじん》
③ 油断大《ゆだんたい》敵《てき》
④ 大同《だいどう》小《しょう》異《い》
⑤ 単刀《たんとう》直入《ちょくにゅう》
⑥ 危機《きき》一髪《いっぱつ》
⑦ 三《みっ》日《か》坊《ぼう》主《ず》
⑧ 半《はん》信《しん》半《はん》疑《ぎ》
⑨ 千《せん》差《さ》万《ばん》別《べつ》

※虫食《むしく》いクイズの答《こた》えは、ひらがなで書《か》いても漢字《かんじ》で書《か》いても正解《せいかい》とします。

表紙《ひょうし》うら
四字熟語《よじじゅくご》パズルにちょうせん！

❶ 十《じゅう》人《にん》十《と》色《いろ》
❷ 有《ゆう》言《げん》実《じっ》行《こう》
❸ 急《きゅう》転《てん》直《ちょっ》下《か》
❹ 八《はっ》方《ぽう》美《び》人《じん》

さくいん

この本《ほん》で、大《おお》きく取《と》り上《あ》げていることばは太字《ふとじ》になっています。

アイコンの意味《いみ》

…食《た》べものにまつわることば
…植物《しょくぶつ》や自然《しぜん》が出《で》てくることば
…いきものが出《で》てくることば
…体《からだ》の一部《いちぶ》がふくまれることば
…道具《どうぐ》が出《で》てくることば
…数《かず》が出《で》てくることば

あ

監修　**森山　卓郎**　もりやま　たくろう

早稲田大学文学学術院教授、京都教育大学名誉教授。国語教科書編集委員、日本語学会理事。前日本語文法学会会長。著書に『コミュニケーションの日本語』『日本語の〈書き〉方』（ともに岩波ジュニア新書）、監修に『旺文社標準国語辞典』（旺文社）、『光村の国語　場面でわかる！ことわざ・慣用句・四字熟語の使い分け［全3巻］』（光村教育図書）など多数。

デザイン　山口秀昭（Studio Flavor）
漫画イラスト　オブチミホ
執筆協力　柴田佳菜子
DTP　有限会社ゼスト
校正　藏本泰夫
編集　株式会社スリーシーズン（奈田和子、渡邊光里）、柴田佳菜子

めざせ！　ことば名人　使い方90連発！ ❹

四字熟語

発行　2022年4月　第1刷

監修　森山卓郎
発行者　千葉　均
編集　片岡陽子
発行所　株式会社ポプラ社
〒102-8519　東京都千代田区麹町4-2-6
ホームページ　www.poplar.co.jp（ポプラ社）
kodomottolab.poplar.co.jp（こどもっとラボ）

印刷・製本　図書印刷株式会社

ISBN978-4-591-17297-1
N.D.C.814　128p　23cm

P7232004

めざせ！ことば名人 使い方90連発！

全5巻

監修 森山卓郎（早稲田大学教授）

1 ことわざ まんがイラスト 徳永明子

2 故事成語 まんがイラスト WOODY

3 慣用句 まんがイラスト 野田節美

4 四字熟語 まんがイラスト オブチミホ

5 オノマトペ まんがイラスト みずうちさとみ

小学校中～高学年向き

N.D.C.814　各128ページ　菊判　2色

図書館用特別堅牢製本図書